W0197350

LIANNE KOLF

Agentinnen gab es damals
nur bei James Bond
Von Bestsellern und Büchermenschen

LIANNE KOLF

Agentinnen gab es damals nur bei James Bond

Von Bestsellern und Büchermenschen

blanvalet

Penguin Random House Verlagsgruppe FSC® N001967

1. Auflage
Copyright © 2022 by Blanvalet in der
Penguin Random House Verlagsgruppe GmbH,
Neumarkter Str. 28, 81673 München
Redaktion: Heike Gronemeier
Umschlaggestaltung: www.buerosued.de
BSt· Herstellung: DiMo
Satz: Vornehm Mediengestaltung GmbH, München
Druck und Bindung: Friedrich Pustet, Regensburg
Printed in Germany
ISBN 978-3-7645-0825-8

www.blanvalet.de

*»Veränderungen sind kein Schicksal,
sondern eine Chance.«*

INHALT

Das Füchslein

F uschi.«
Solange ich denken kann und noch ein bisschen
länger, habe ich diesen Spitznamen. Er klebt so fest an
mir, dass ich ihn in diesem Leben wohl nicht mehr los-
werde. Der Name wurde einfach über die Jahre immer
so weitergereicht, von Familienmitgliedern, Freunden,
Bekannten. Die meisten finden es lustig, mich Fuschi
zu nennen, vor allem, wenn sie erfahren haben, was das
Wort zu bedeuten hat.

Verpasst hat mir diesen Spitznamen mein Vater. Als
er am 29. Mai 1948, einem herrlichen Frühlingstag, in
seinem gebraucht gekauften grünen DKW Sport-Cab-
rio an der Frauenklinik Dr. Knorr in Niederpöcking am
Starnberger See vorfuhr und sich auf der Entbindungs-
station meldete, war er so aufgeregt, dass er sogar vergaß,
mit den Krankenschwestern zu flirten, was er normaler-
weise nicht versäumt hätte. Wenig später streckte ihm
seine Frau Lieselotte ihr Neugeborenes entgegen: mich.

Und mein Vater sprach den denkwürdigen Satz: »Das ist ja eine Fuschi.«

Martin Kolf stammte – wie auch meine Mutter – aus Siebenbürgen. Damals, drei Jahre nach dem Ende des Zweiten Weltkriegs, war er noch nicht besonders gut in Hochdeutsch, wohl aber im Erfinden von Wörtern und Begriffen. Das Baby, das er nun behutsam in den Arm nehmen durfte, hatte einen rötlichen Haarflaum und damit für immer seinen Kosenamen aus dem Tierreich weg: Fuschi, das Füchslein.

Die Klinik, in der ich das Licht der Welt erblickte, gibt es heute nicht mehr. Die ehemalige Villa Knorr, ein prachtvolles Anwesen im toskanischen Stil, inzwischen fast 170 Jahre alt, war Sommerresidenz, landwirtschaftlicher Betrieb, Mädchenpensionat und Frauenklinik. Heute beherbergt das Haus ein etwas verkitschtes Hotel mit Restaurant, eine begehrte Hochzeitslocation am Westufer des Starnberger Sees mit Blick auf die Gemeinde Berg am gegenüberliegenden Ufer (wo einst der bayerische Märchenkönig Ludwig II. den nassen Tod fand).

Auch wenn sich vieles verändert hat, die Villa ist immer noch ein magischer Ort für mich. Manchmal fahre ich noch nach Niederpöcking, rolle durch das schwere Eisentor unten an der Landstraße, parke oben auf der Anhöhe, schaue auf den See und denke an meine Eltern: An meinen Vater Martin, damals 24 Jahre alt, und an meine Mutter Lieselotte, zwei Jahre jünger als er. Ich sehe sie vor mir, wie sie mit mir auf dem Arm hoffnungsvoll in die Zukunft blicken. Mit mir, ganz neu auf dieser Welt, die auch für sie noch neu und ungewohnt war. Während zu Hause, in der schönen Villa Dorlei, Tante Hilde, die Schwester meines Vaters, ungeduldig auf die Rückkehr der kleinen Familie wartete. Hier hatten die drei durch den Krieg Entwurzelten eine neue Heimat gefunden: zwei Zimmer zur Miete. Dass nun ein Baby ihre Schicksalsgemeinschaft bereicherte, grenzte für meine Eltern und Tante Hilde noch Jahre später an ein »Wunder«. Nie und nimmer hätten sie sich das in der schlimmen Zeit, die hinter ihnen lag, auch nur vorstellen können. Es nötigt mir noch heute grenzenlose Bewunderung ab, wenn ich mir vor Augen halte, was für eine Lebenskraft diese drei blutjungen Menschen aus ihren Qualen gezogen haben. Am Ende der Geschichte ein doppeltes Happy End: Nicht nur, dass alle überlebt haben – auch ich durfte bei der Gelegenheit meinen Platz auf dieser Welt finden.

TEIL I

GASTLAND

»Wo Kind und Hund Palukes würgen,
ist unsre Heimat Siebenbürgen.«

KAPITEL 1

Heimatlos

M eine Eltern entstammten beide wohlhabenden Familien aus Siebenbürgen, einem Gebiet, das heute im Zentrum Rumäniens liegt. Die Kolfs hatten ihr Vermögen mit Finanzgeschäften und Ländereien gemacht, die Wagners im Viehhandel. Beide Familien lebten keine zehn Kilometer voneinander entfernt in der Nähe von Kronstadt. Vielleicht hatten die Eltern oder Großeltern schon mal miteinander zu tun gehabt, Martin und Lieselotte aber kannten sich nicht – bis zu ihrer schicksalhaften Begegnung in Frankfurt an der Oder im Dezember 1946.

Ich war vielleicht 13 oder 14, als ich meinen Tata zum ersten Mal nach seinen Erlebnissen in den Kriegsjahren fragte. Bei diesem wie auch meinen späteren Versuchen, ihm etwas zu entlocken, antwortete er immer mit dem gleichen Satz: »Fuschi, das war so schrecklich, darüber kann ich nicht sprechen.« Er, der sonst so redselige Vater, schwieg eisern.

Es war nicht so wie später bei den 68ern: Auch sie fragten ihre Eltern, vor allem die Väter, was sie im Krieg gemacht hatten. Aber deren Weigerung, darüber zu sprechen, ließ meistens auf den Typus Täter oder Mitläufer schließen, oder wenigstens auf eine Angehörigkeit zur Wehrmacht. Bei meinem Vater war es die Opferrolle, über die er nicht reden mochte. Er muss Furchtbares erlebt und gesehen haben.

Das Wenige, das ich in Erfahrung bringen konnte, ist Folgendes: Als alliierte Soldaten im April 1945 die »Reichswerke Hermann Göring« im niedersächsischen Salzgitter befreiten, war unter den tausenden ausgemergelten, ausgelaugten und bis auf die Knochen abgemagerten Zwangsarbeitern auch mein Vater. In dem Betrieb, in dem kriegswichtige Güter hergestellt wurden, vor allem Munition und Sprenggranaten, hatte er als Feinmechaniker gearbeitet – ein Arbeitssklave ohne Rechte, mit kaum mehr als einer wässrigen Suppe am Tag abgespeist. Die Ernährungslage der tausenden Elenden war so schlecht, dass selbst der NSDAP-Kreisleiter eine Beschwerde nach Berlin sandte.

Wann und wie mein Vater von Kronstadt nach Salzgitter gekommen war – die Orte liegen ja nicht gerade um die Ecke –, und was vorher gewesen war, sagte er nicht. Und irgendwann habe ich aufgehört zu fragen und seinen Wunsch respektiert, nicht über das Schreckliche zu reden, was er damals erlebt hat.

War Martin Kolf zunächst, wie so viele Siebenbürger

Sachsen, begeistert zum Auslandsableger der Hitlerjugend gegangen? Und später, als der rumänische Diktator Ion Antonesco an Hitlers Seite gegen die Sowjetunion kämpfte, Soldat geworden? Und noch später, weil er es nicht mehr ausgehalten hat, desertiert? Haben sie ihn aufgegriffen, irgendwo eingelocht, windelweich geschlagen und schließlich nach Salzgitter abgeschoben? Oder war es ganz anders, und er hatte sich, obwohl Mitglied der »Deutschen Volksgruppe in Rumänien« einer Rekrutierung zur Waffen-SS widersetzt und war deshalb als Zwangsarbeiter ins »Reich« abgeschoben worden?

Ich werde es nie erfahren. Und auch nicht, warum meine Großmutter ihm zum Abschied in Kronstadt Goldstücke in den Mantel genäht hat. Wohin hatte er sich da verabschiedet? Wo und wie das Gold jemals zum Einsatz kam, ich weiß es nicht.

Ich weiß nur, dass sich mein Vater nach der Befreiung durch die Alliierten irgendwie nach Bayern durchschlug, wo er für kurze Zeit in einem Lager für »Displaced Persons« bei Wolfratshausen unterkam. Hier hatten die Nazis 1939 ein Lager für Zwangsarbeiter eingerichtet, die in zwei nahegelegenen Sprengstoff- und Munitionsfabriken schufteten, die man als Schokoladenfabrik getarnt hatte. Nach der Kapitulation wurde das Lager, das nun in der amerikanischen Besatzungszone lag, zu einem Camp für »Displaced Persons« umfunktioniert. Das Lager Föhrenwald, das erst

1957 aufgelöst wurde, war das größte seiner Art in der US-Besatzungszone. »DPs«, das waren Staatenlose, ehemalige KZ-Häftlinge, Fremdarbeiter, Verschleppte, Entwurzelte. Menschen, die nirgendwo richtig hingehörten, und die auch niemand wirklich haben wollte. Zu tausenden waren sie nach dem Krieg durch das verwüstete Land geirrt, bis sie in einem der Lager strandeten. Die Deutschen, mit ihren eigenen Problemen mehr als ausgelastet, wähnten sie dort gut aufgehoben.

Föhrenwald war so etwas wie das letzte »jüdische Schtetl« auf europäischem Boden. Die meisten, die hier ausharrten, konnten oder wollten nicht zurück in die alte Heimat. Viele Shoah-Überlebende setzten auf einen Neuanfang in Palästina, andere, wie die Familie meiner Freundin Rachel Salamander, blieben im Lager, bis es schließlich in eine Siedlung für Heimatvertriebene umgewandelt wurde.

Mein Vater jedenfalls hatte vom Lagerleben ein für alle Mal genug. Nach einer kurzen Übergangszeit zog er weiter, nach Starnberg. Das Städtchen am See erinnerte ihn an seine Heimat und schien ihm nicht der schlechteste Ort, um hier zumindest für einige Zeit zu leben. Dass er hier sogar Wurzeln schlagen würde, war vermutlich nicht geplant. Er hatte seinen Eltern einen Brief geschrieben, dass es ihm gutgehe und er hoffe, bald wieder nach Siebenbürgen zu kommen. Doch der Antwortbrief aus der Heimat machte seine Pläne zunichte.

Im August 1944 war es zu einem Sturz des faschistischen Regimes und einem Seitenwechsel Rumäniens gekommen. Die Rote Armee besetzte das Land, zehntausende, vor allem aus dem Banat und aus Siebenbürgen, flohen. Seit Kriegsende, so erfuhr mein Vater, führten die Besatzer ein Schreckensregiment, unter dem vor allem die Deutschstämmigen zu leiden hatten. Seine Mutter schrieb, dass so gut wie alle jungen Männer ab 16 und alle jungen Frauen ab 17 Jahren gefangen genommen und in die Sowjetunion verschleppt worden seien. Auch seine geliebte Schwester Hilde.

Die Siebenbürger Sachsen standen bei Stalin unter Generalverdacht. Und es stimmte ja auch: Viele von ihnen hatten im Krieg gemeinsame Sache mit den Nazis gemacht. Selbst Jahrzehnte später sprachen Siebenbürger noch vom »Reich«, wenn die Rede auf Deutschland kam. Für sie folgten Jahre der Diskriminierung und Verfolgung, der Deportation zu Zwangsarbeit in die Sowjetunion, der Enteignung, dem Entzug einiger staatsbürgerlicher Rechte sowie der Diffamierung als »Hitleristen« und »Faschisten«.

Da die Deutschen während des Krieges vor allem in der Sowjetunion so furchtbare Zerstörungen angerichtet hatten, sollten sie jetzt auch zum Wiederaufbau beitragen. Das war die Logik hinter den Verschleppungen, von denen rund 30.000 Siebenbürger Sachsen betroffen waren. Diese Art der Wiedergutmachung sah fünf Jahre schwere Zwangsarbeit vor, dann dürften die »Aufbauhelfer« wieder zurück in ihre Heimat.

Ich kann nur mutmaßen, wie groß der Schock für meinen Vater über diese Nachrichten gewesen sein muss. Denn geredet hat er darüber nicht. Und auch meine Tante schwieg über ihre damaligen Erfahrungen. Ich weiß nur, dass die Geschichte meiner Eltern anders verlaufen wäre, wenn es diese Verschleppung in die Tiefen der Sowjetunion nicht gegeben hätte. Denn Hilde lernte dort meine Mutter Lieselotte kennen.

*

Meine Mama war erst sehr spät – ich war schon über dreißig – in der Lage, mir überhaupt nur in einem Atlas zu zeigen, wo sie und Hilde damals hingekommen waren: nach Sibirien. Bis dahin hatte sie es wie mein Vater gehalten: Sie konnte und wollte über das, was sie durchgemacht hatte, nicht reden. Aber als ich noch ein Kind war, habe ich sie oft nachts schreien hören. Diese Schreie, von denen ich aufwachte, waren entsetzlich. Verängstigt tapste ich dann an ihr Bett, sie lag schweißgebadet da, mein Vater schlaftrunken und hilflos daneben. Wenn sie mich entdeckte, flüsterte sie nur: »Ist schon gut, meine kleine Fuschi, ich hab nur schlecht geträumt. Geh schnell wieder in dein Bett.«

Auf dem Transport nach Sibirien, eine Woche unter unwürdigsten und widerwärtigsten Bedingungen in einem Viehwaggon, lernten sich Lieselotte und Martins Schwester Hilde kennen. Beide waren kaum zwanzig Jahre alt. Das Schicksal meinte es gut mit ihnen, ein bisschen wenigstens, denn im Lager hausten sie mit unzähligen anderen Frauen zusammen in einer Baracke, und zusammen fuhren sie auch zum Schuften in den Bergwerksschacht oder die Ziegelei. Gemeinsam ertrugen sie Hunger, Schmach und Schmerz, Schande und Erniedrigung, Kummer und Verzweiflung. Sie schworen sich, bis an ihr Lebensende Freundinnen zu bleiben, wenn sie jemals lebend aus dieser Hölle rauskommen würden.

Nach etwas mehr als einem Jahr Sklavenarbeit bekamen Lieselotte und Hilde fast zeitgleich offene Tuberkulose. Damit waren sie beim tatkräftigen Wiederaufbau der Sowjetunion nicht länger erwünscht. Aber sie hatten Glück. Während unzählige Menschen in den Lagern starben, wurden sie ausgesondert und in einen Transport nach Westen gesetzt, mit dem auch Kriegsgefangene rückgeführt wurden. Der Zug hielt aber nicht in Siebenbürgen, wie sie das erhofft hatten, sondern in Frankfurt an der Oder.

Soll niemand sagen, die Russen hätten nichts von Bürokratie verstanden. Die vorzeitige Entlassung wurde fein säuberlich dokumentiert, amtliche Schreiben gingen hin und her, und irgendwann landete der Vorgang auch auf dem Schreibtisch einer Amtsstube in Siebenbürgen. Von dort gelangte die Nachricht von Hildes Verlegung in die sowjetische Besatzungszone schließlich auch zu meinen Großeltern.

Im Winter 1946 erhielt Martin Kolf in Starnberg die frohe Botschaft, dass seine Schwester demnächst in Frankfurt/Oder eintreffen würde. Und dann ging plötzlich alles ganz schnell: Mein Vater, der seine schlimmen Erfahrungen zumindest äußerlich abgeschüttelt und ordentlich zugenommen hatte, der zu einem schmucken Mannsbild geworden und fleißig dabei war, sich in Starnberg ein neues Leben aufzubauen, war entschlossen, seine Schwester zu sich nach Bayern zu holen. Er freute sich riesig, dass sie überlebt hatte, und er war bereit, sich über alle Widerstände hinwegzusetzen.

Der Wechsel von einer Besatzungszone zur anderen war damals nicht einfach. Für den legalen Weg brauchte man eine Zuzugsgenehmigung, ohne die es auch weder Arbeit noch Lebensmittelkarten gab. Weil Bayern allein schon wegen der vielen Flüchtlinge aus den ehemaligen deutschen Ostgebieten aus allen Nähten platzte, war eine solche Genehmigung kaum zu kriegen. Was tat mein Vater also? Er ging aufs Landratsamt, nutzte einen unbeobachteten Moment und klaute das entsprechende Dokument. So hat er es uns jedenfalls später erzählt – bei solchen tollkühnen Gaunereien war er nicht so zugeknöpft wie bei seinen traumatischen Erlebnissen.

Die wertvolle Zuzugsgenehmigung in der Tasche, machte er sich auf den langen Weg durch das zerstörte Deutschland, von Bayern hinauf an die polnische Grenze. Er drängte sich in vollbesetzte Züge, hielt an Landstraßen den Daumen hoch, bat um Mitfahrgelegenheiten auf staubigen, zugigen Lastwagenpritschen. Nach anderthalb Wochen beschwerlicher Reise kam er in Frankfurt/Oder an.

Wie in so vielen Nachkriegsgeschichten spielen auch in der unseren Zufall und Glück eine große Rolle. Denn nach einigen erfolglosen Versuchen entdeckte mein Vater seine Schwester Hilde tatsächlich zwischen den vielen Menschen am Bahnhof. Weinend fielen sich die Geschwister in die Arme.

Nach der ersten Wiedersehensfreude deutete Hilde auf eine junge Frau, die etwas abseits stand. Wie oft hatten sich die beiden im Lager das erste Treffen mit ihren Familien ausgemalt, nun war es wenigstens bei Hilde so weit. Lieselotte hatte Tränen vor Rührung in den Augen. Martin stellte sich ihr vor, die beiden sahen sich an, und es traf sie, wie sie später immer wieder beteuerten, wie ein Donnerschlag: Liebe auf den ersten Blick.

Den beiden Freundinnen, die so viel gemeinsam durchlitten hatten, fiel der Abschied schwer. Aber Martin versprach, Lieselotte baldmöglichst nachzuholen. Und tatsächlich, wieder in Starnberg, steuerte er einmal mehr das Landratsamt an und »organisierte« noch eine weitere Zuzugsgenehmigung. Die wurde nach Berlin übersandt, wo Lieselotte inzwischen bei Bekannten Unterschlupf gefunden hatte und sich den Kopf zerbrach, wie sie wohl heim nach Siebenbürgen kommen könne, falls sie von Hilde und ihrem Bruder nichts mehr hören sollte.

Doch wie immer in seinem Leben: Martin Kolf hielt, was er versprochen hatte. Vier Wochen nachdem das Dokument in Berlin eingetroffen war, stand Lieselotte mit ihrem Köfferchen auf dem Münchner Hauptbahnhof, wo Martin schon voller Vorfreude auf sie wartete.

Am 6. Dezember 1947 heirateten die beiden in Starnberg. Und kein halbes Jahr später kam ich auf die Welt. Ich fand es als Kind erstaunlich, dass der Storch in der kurzen Zeit ein Wesen fabrizieren konnte, an dem schon alles dran war …

*

Es gibt auf dieser Welt ganz bestimmt unangenehmere Erfahrungen, als am Starnberger See aufzuwachsen. Auch wenn die Leute hier gern mit Leidenschaft »ihre« Seeseite verteidigen. Die vom Westufer sagen: »Wir schauen morgens in die aufgehende Sonne, außerdem gibt es bei uns eine Eisenbahnlinie bis Garmisch und für die Autos die Olympiastraße.« Die hatte Adolf Hitler zur Winterolympiade 1936 bauen lassen. Die Leute auf der anderen Seeseite halten dagegen: »Bei uns ist es viel ruhiger, und wir haben Nachmittags- und Abendsonne.« Einig sind sie sich allerdings in einem: Dass es kaum einen besseren Ort zum Leben gibt. Und das galt schon für die Zeit, als ich dort aufwuchs.

Im kaum dreißig Kilometer entfernten München spielten die Kinder noch lange in Bombenkratern und

Ruinen. 73 Luftangriffe der Alliierten hatten rund fünfzig Prozent der Bausubstanz zerstört. Die Menschen
hatten alle Mühe, ihren Kindern das Nötigste zu essen
zu besorgen und sie im Winter warm genug anzuziehen.

In Starnberg hatte der Zweite Weltkrieg längst nicht
so viele Spuren hinterlassen. Einige Phosphor- und
Sprengbomben waren über der Stadt abgeworfen worden, neun Feuerwehrleute waren dabei ums Leben
gekommen. Schlimm genug, aber doch eben kein
Vergleich zu den tausenden Opfern, die es in der bayerischen Landeshauptstadt gegeben hatte. Und auch die
Häuser standen noch, in Starnberg und in den anderen
Ortschaften am See.

Starnberg hatte nach dem Krieg gut 8500 Einwohner,
ein Viertel davon waren Flüchtlinge. Der Ort war klein
und überschaubar, alles noch sehr ländlich. Es gab fünf
Bauernhöfe, wo die Mama Eier, Kartoffeln und Fleisch
kaufen konnte und die Milch in der Kanne holte. Es
gab die Gärtnerei Marx mit ihren Blumenfeldern und
Gewächshäusern. Es gab Handwerksbetriebe wie die
Schlosserei Wörsching, die Schreinerei Benkert, dazu
Glasereien, Spenglereien und die Metzgereien Houdek
und Kandler.

Und im Hintergrund oder auch zum Greifen nah,
je nachdem, wo man gerade war, immer war da dieser
herrliche See, auf dem Boote mit weißen Segeln tanzten,
oder, wenn es windig war, Wellen mit weißen Schaum-
krönchen. Von der Seepromenade fuhren die Fischer

hinaus, und wenn sie vom Fang zurückkamen, zappelten frische Renken im Netz. Gleich nebenan wurden Elektro- und Ruderboote verliehen, wovon nicht nur Besucher, sondern auch Einheimische begeistert Gebrauch machten. Ich weiß noch, wie aufgeregt ich war, als ich zum ersten Mal so ein kleines schaukelndes Schiffchen betrat. Und wenn wir wieder an Land waren, nahm meine Mama gleich frischen oder geräucherten Fisch fürs Abendessen mit heim.

Starnberg war damals ein eigentümlicher Mix aus kleinen Handwerkerhäusern, Bauernhöfen, beeindruckenden Gründerzeitvillen mit sorgsam gepflegten Gärten und traditionsreichen Pensionen, in denen die Leute vor dem Krieg zur Sommerfrische am See abgestiegen waren. Und dazwischen standen Baracken. Für mich waren diese Bretterbuden in den frühen Jahren nach dem Krieg etwas ganz Selbstverständliches; man kannte es gar nicht anders. Baracken, in denen Flüchtlinge untergebracht waren, standen zum Beispiel in der Nähe meines Kindergartens. Die Eltern, die ja ganz andere Erinnerungen mit solchen Behausungen verknüpften, sagten immer, wir Kinder sollten einen großen Bogen darum machen, es sei dort gefährlich.

Manchmal kurvten amerikanische Soldaten in ihren Jeeps am Ufer des Sees herum und beobachteten das Geschehen. Sie machten meistens einen ziemlich lässigen Eindruck, die Helme in den Nacken geschoben, eine Zigarette im Mundwinkel. Für uns Kinder gab es manchmal Schokolade und Kaugummi, den Jugendlichen schenkten sie hin und wieder Zigaretten, auf dem Schwarzmarkt ein begehrtes Tauschmittel. Warum diese Soldaten überhaupt da waren und wieso einige von ihnen eine dunkle Haut hatten, konnte ich als kleiner Stöpsel natürlich nicht begreifen. Diese netten Männer, so hieß es, hätten den Krieg gewonnen und seien jetzt unsere Freunde.

Sicher, die Menschen freuten sich, dass der Krieg zu Ende war, auch wenn sich nicht alle darüber freuten, dass er verloren gegangen war. Es gab den Marshall-Plan der Amerikaner, der mit Krediten, Rohstoffen, Industriegütern und Lebensmitteln den Wiederaufbau ermöglichte. Es gab wieder unabhängige Zeitungen, es gab Bücher in den Läden, auch solche, die unter Hitler noch verbrannt worden waren. Es gab wieder zu essen, auch wenn für den Grundbedarf anfangs noch Lebensmittelmarken zugeteilt wurden. Und es gab auch wieder Mode und schöne Frisuren.

Wenn ich mir heute alte Fotos ansehe, sieht zwar alles noch etwas ärmlich aus, die Spuren des Krieges noch spürbar, das Wirtschaftswunder noch ein paar Jahre entfernt. Aber als Kind stellt man keine Vergleiche an, wie auch? Man kennt nichts anderes als die Gegenwart, erst im Rückblick gewinnt das Vergangene und damit das eigene Leben an Kontur.

Ich hatte eine wunderbare Kindheit. Nie wieder habe ich mich so geborgen gefühlt wie in der Umarmung meiner Mama, die immer so wunderbar gerochen hat. Als sie und Tata eines Abends ausgingen, strich ich mir mit ihrem Lippenstift über die Zunge, um mir ihren Duft noch ein wenig zu bewahren. Dabei brach der Lippenstift ab. Ein kostbares Gut in diesen Tagen, meine Mutter war nicht gerade begeistert. Richtig geschimpft hat sie trotzdem nicht mit mir. Das geschah höchst selten, etwa, wenn sie herausbekam, dass ich den sündteuren Lebertran mal wieder in den Forellenbach geschüttet hatte.

Dass es mich gab, war für meine Eltern ein Geschenk, keine Bürde. Den Bonus von 40 Mark, die der Staat im Zuge der Währungsreform für jede Person im Haushalt ausspuckte, also auch für die neugeborene Fuschi, nahmen sie dabei natürlich gern mit. Sie verwöhnten mich nach Kräften und versuchten gemeinsam mit Tante Hilde, mir die schönen Dinge des Lebens beizubringen. Im Strandbad am See sprang ich mit drei Jahren unerschrocken ins Wasser, denn da konnte ich schon schwimmen. Dort entdeckte ich auch mein Lieblingsspielzeug: leere Patronenhülsen, die zu tausenden ans Seeufer geschwemmt wurden.

Mit vier lernte ich Skifahren, mit sechs war ich annähernd perfekt im Stemmbogenfahren. Ich hatte keine Angst auf den Brettern und liebte es, mit Karacho den Berg hinabzusausen. Mein Vater hatte als Jugendlicher in den Karpaten den Ruf eines tollen, draufgängerischen Skifahrers. Er war ein Sportfanatiker durch und durch, aber Skifahren war sein Ein und Alles. Nicht nur der Sport an sich, sondern auch das ganze Drumherum. Schon im Kindergartenalter konnte ich den Zungenbrecher »Après-Ski« fehlerfrei aussprechen und hatte eine vage Ahnung, was Flirten ist. Nachdem meine Eltern in Starnberg Fuß gefasst hatten und etwas Geld da war, fuhren wir zum Skifahren oft nach Sankt Johann und Kitzbühel, später kam das Engadin dazu, wo sie in Samedan bei St. Moritz eine wunderbare Wohnung mieteten.

*

In die Schweiz zu reisen oder von dort wieder zurück nach Bayern, war für meine Eltern nicht so einfach. Als Staatenlose brauchten sie ein Durchreisevisum für Österreich, erhältlich im Österreichischen Konsulat in München, das am Freitagvormittag pünktlich um elf Uhr schloss. Nur ein paar Minuten zu spät und es wurde kein Visum mehr ausgestellt. Wenn uns das passierte, empfand mein Vater das als persönlichen Affront. Dann drohte er scherzhaft: »Wenn das so weitergeht mit diesen Schikanen, werden wir doch noch Deutsche.«

Natürlich hatten meine Eltern und auch Tante Hilde nichts weniger im Sinn als Deutsche zu werden. Was sie wollten: wieder nach Hause, nach Rumänien, nach Siebenbürgen. Zu ihren Familien, in ihre vertraute, schmerzlich vermisste Heimat. Davon träumten sie, daran arbeiteten sie, darum drehten sich ihre Gespräche. Wenn sie Deutsche geworden wären, hätten sie diesen Traum gleich begraben können, dann wäre die rumänische Staatsangehörigkeit verloren gewesen.

Deutschland war unser Gastland, mehr nicht. Das wurde mir von klein auf eingebläut: »Benimm dich, Fuschi, wir sind hier nur zu Gast!« Der Satz kam immer wieder, eine ständige Ermahnung. Rumänien und Siebenbürgen, das blieb ein Dauerthema, nicht nur in der Familie. Auch mit siebenbürgischen Freunden und Bekannten, die bei uns zu Besuch waren, wurde ununterbrochen darüber diskutiert. Wie kommen wir wieder heim? Wer könnte noch etwas wissen, wo könnte man noch ansetzen?

Die Eltern informierten sich auf landsmannschaftlichen Treffen, sie fragten nach im Münchner Haus des Ostens, aber alle Mühe war vergeblich. Die Heimat blieb versperrt, der Eiserne Vorhang öffnete sich keinen Spalt. Die sozialistische Republik Rumänien wollte die Kolfs und all die anderen, die sich nichts sehnlicher wünschten, als möglichst bald die Koffer packen zu können, nicht zurückhaben.

Im Nachhinein denke ich: Auch wenn der Verlust der Heimat durch nichts aufzuwiegen ist, unser Leben wäre ganz anders verlaufen, und sicher nicht zum Besseren. In Rumänien wurden die Siebenbürger Sachsen diskriminiert, einen Minderheitenschutz gab es nicht, und als die Bundesrepublik und Rumänien Ende der

Sechzigerjahre ein Abkommen unterzeichneten, führte das zu einem Exodus nach Westen, nicht aber zu einer Rückkehr. Über 200.000 Rumäniendeutsche wurden bis 1989 freigekauft.

Aber all das war Zukunftsmusik. Abgesehen von den sehnsuchtsvollen Geschichten, die ich von den Erwachsenen aufschnappte, war meine einzige Berührung mit Siebenbürgen und damit unserem Status in Deutschland lange Zeit nur die Sprache. Und weil meine Eltern zuhause nur Siebenbürger Sächsisch miteinander sprachen (was sich so ähnlich anhört wie luxemburgisch), bekam ich im Kindergarten schnell ein Gespür dafür, dass wir irgendwie anders waren. Die Flüchtlingskinder und ich waren die Einzigen, die nicht Bayerisch sprachen und auch nicht immer alles verstanden. Ein gefundenes Fressen für die anderen Kinder, die uns damit aufzogen.

Eine strenge Frau namens Tante Martha betreute uns. Bei der Essensausgabe muss sie mehr als einmal schier an mir verzweifelt sein – ich bekam meine Suppe einfach nicht herunter. Eine schreckliche dicke, mit Mehlschwitze zubereitete Gemüsepampe, bei der man gar nicht mehr erkennen konnte, welche Art von Gemüse da drin sein sollte. Tante Martha schalt mich undankbar, und ich heulte dicke Tränen in den Teller.

Nach dem Mittagessen kam für mich die nächste Tortur. Alle Kinder mussten sich schlafen legen, auf kleinen nebeneinander aufgereihten Pritschen, ob sie wollten oder nicht. Und ich wollte selten. Erst nach einer gefühlten Ewigkeit durften wir wieder aufstehen und spielen.

Das Schönste, oder besser gesagt: das einzig Schöne an diesem Kindergarten war immer der Moment, wenn meine Mutter kam, um mich abzuholen. Darauf freute ich mich schon morgens. Denn der Heimweg in den Forellenweg, wo wir inzwischen wohnten, führte an der Villa Dorlei vorbei. Wann immer es ging, statteten Mama und ich den Dorleis nach dem Kindergarten einen Besuch ab. Tante Grete, wie ich sie nannte, und ihr Bruder Jack hatten Tata gleich nach seiner Ankunft in Starnberg ein Zimmer vermietet. Und später ein zweites für seine Schwester Hilde. Die Dorleis hatten miterlebt, wie die kleine Familie wuchs, und uns alle ins Herz geschlossen. Grete war mindestens 15 Jahre älter als ihr Bruder, Jack war im Alter meines Vaters. Die beiden waren Freunde geworden. Der Dritte in ihrem Bunde war Falk Volkhardt, dessen Familie heute noch das Hotel Bayerischer Hof in München gehört.

Die Dorleis betrieben Varietés. Vor dem Krieg hatten sie Häuser in Berlin und Tanger geführt. Und varietémäßig sah es auch in der Villa aus, die ursprünglich nur der Ferienwohnsitz der Geschwister gewesen war: Auf dem Boden lag ein Fell mit Tigerkopf (ähnlich dem aus »Dinner for One«, über das der Butler immer stolpert), und zwischen den meisten Zimmern gab es keine Türen, sondern bunte Vorhänge aus Glasperlen.

In den Regalen standen geheimnisvolle marokkanische Figuren. Es war eine faszinierende, exotische und farbenprächtige Welt, die mich magisch in ihren Bann zog.

Ich liebte Grete über alles, ihre Herzlichkeit, ihren Humor und ihren Berliner Dialekt. Als Jack später nach Amerika ging, um seine Varieté-Karriere noch einmal anzukurbeln (ob das geklappt hat, habe ich nie erfahren), blieb Grete in Starnberg. Später kam sie in ein Altersheim, und bis zu ihrem Tod haben wir sie dort regelmäßig besucht und uns um sie gekümmert.

Während Mama und Grete Dorlei eine Tasse Tee im Salon tranken, stromerte ich durch das Märchenhaus oder den Garten, der sich bis zum Forellenbach erstreckte. Unter hohen Bäumen stand ein wunderbarer Tuffsteinbrunnen, aus dem eine Wasserfontäne sprudelte. Alles war aufregend in dieser Gründerzeitvilla. Und dann stand ja noch der Heimweg bevor. Von den Dorleis führte unser Weg nach Hause vorbei an einer Pferdeschlächterei, und dann wohnte da auch noch eine Frau in der Nachbarschaft, die von allen im Viertel bestaunt wurde wie eine Außerirdische. Sie war Künstlerin und trat im Theater »Auf geht's beim Schichtl« auf dem Münchner Oktoberfest auf, wo sie angeblich allabendlich mehrfach zersägt wurde. Ich fragte mich lange, wie diese Frau das äußerlich so unbeschadet überstehen konnte.

KAPITEL 2

»Händler der vier Jahreszeiten«

Familie Kolf ging es gut in ihrem Gastland. Wir zogen mehrfach um, die Wohnungen wurden größer, später sollte dann sogar ein eigenes Haus kommen. Tante Hilde fand eine Anstellung bei der Starnberger Spar- und Darlehenskasse und nahm sich eine eigene Wohnung; in der Nachbarschaft wohnte Prominenz wie der Schlagersänger Vico Torriani oder die Filmschauspielerin und Ärztin Marianne Koch. Aber nach wie vor kam Hilde alle paar Tage bei uns vorbei und diskutierte mit meinen Eltern und Freunden weiter über die ersehnte Heimkehr nach Siebenbürgen. Als ich fünf Jahre alt war, hat sie geheiratet, drei Jahre später zog sie mit ihrem Mann, für mich war das der »Onkel Manfred«, nach Köln.

Mein Vater freute sich für seine Schwester, als sie ihm stolz von ihrer Anstellung bei der Spar- und Darlehenskasse berichtete. Es war ja auch ein gewaltiger Fortschritt – soziale Anerkennung, regelmäßiges Einkommen –, wenn man bedenkt, dass die beiden 1946 völlig mittellos in Starnberg aufgeschlagen waren. Für meinen Vater selbst aber wäre ein solcher Job nichts gewesen. Er dachte größer und verlangte mehr vom Leben als ein Dasein als Angestellter.

Tata wusste schon von Haus aus, mit Geld umzugehen, und hatte daheim in Siebenbürgen früh vermittelt bekommen, wie man es vermehrt. Ich bin mir sicher, dass er nach seiner Befreiung aus den »Reichswerken Hermann Göring« in Salzgitter nicht einen Tag hat verstreichen lassen, an dem er nicht über ein gutes Geschäft nachgedacht hat. Diesen Unternehmergeist und den Mut, Gelegenheiten beim Schopf zu packen, hat er mir mitgegeben.

Die erste Möglichkeit, richtig gutes Geld zu verdienen, hatte sich Tata bald nach dem Krieg geboten: als »Händler der vier Jahreszeiten« auf dem legendären Schwarzmarkt in der Möhlstraße in München-Bogenhausen, zwei Steinwürfe von der Isar entfernt. Hier waren in Ruinen, Holzbaracken und selbst in Gärten behelfsmäßige Geschäfte entstanden, oft mit getarnten Verschlägen oder doppelten Böden, in denen die Waren versteckt wurden. Gehandelt wurde mit allem, von gefälschten Lebensmittelmarken über Schmuck und Teppiche bis hin zu dringend benötigten Grundnahrungsmitteln oder auch feinstem Cognac. In den seltensten Fällen wurde die Ware, die hier über den Tisch ging, mit Geld bezahlt, die meisten Transaktionen waren

Tauschgeschäfte. Lebensmittelkarten gegen Zigaretten, Zigaretten gegen Bohnenkaffee, Bohnenkaffee gegen Seidenstrümpfe, Seidenstrümpfe gegen Uhren, Uhren gegen Brot, Brot gegen Cognac, Cognac gegen Fahrradschläuche ... Alles, was es offiziell nicht gab, was man aber dringend benötigte, das gab es auf dem Schwarzmarkt. Und es gab praktisch nichts, mit dem man nicht handeln konnte. Mein Vater kaufte und verkaufte einmal zehntausend Nähmaschinennadeln; ein anderes Mal hatte er fünfzig Uhren im Angebot, feinsäuberlich eingenäht in seinen Mantel, damit er sich im Falle einer Razzia schnell aus dem Staub machen konnte.

Dass er in der Möhlstraße so erfolgreich Geschäfte tätigen konnte, lag auch an der Fürsorge und der »fachlichen Beratung« der anderen Händler und Marktkollegen. Die meisten von ihnen waren Juden aus Polen, andere kamen aus Ungarn, aus Griechenland oder der Tschechoslowakei. »Displaced Persons« allesamt, und die hielten eben zusammen, auch über Nationalitäts- oder Religionsgrenzen hinweg. Einige von ihnen kannte mein Vater noch aus seiner kurzen Zeit im »Schtetl« Föhrenwald.

Über diese Welt des Schwarzmarkts, die in der Möhlstraße bis weit in die Fünfzigerjahre hinein bestehen blieb, entstanden die wertvollen Beziehungen meines Vaters, die auch mit dem Ende des schwunghaften Handels nicht einschliefen. Mit vielen dieser Geschäftsleute hatte er sich angefreundet. Der Kontakt war so eng und herzlich, dass er sich, obwohl evangelisch getauft, zeitlebens zur jüdischen Gemeinschaft hingezogen fühlte. Oft traf er sich sonntags mit den ehemaligen Marktkollegen zum Kartenspielen im Maxburg-Café hinter dem Stachus, dort, wo früher die Hauptsynagoge gewesen war.

Zu seinem ausgeprägten Geschäftssinn kam bei Tata aber noch etwas anderes hinzu: Seine unglaubliche kommunikative Ader war eine seiner herausragenden Eigenschaften. In welcher Umgebung er sich auch befand, er ging immer auf die Leute zu, sprach sie an, scherzte, lud sie auch mal spontan zu uns nach Hause ein. Mama und mir war das manchmal peinlich, wie ungeniert er seiner Redseligkeit freien Lauf ließ, aber er fand nichts dabei und die von ihm Angesprochenen auch nicht. Im Gegenteil, binnen weniger Minuten erlagen sie seinem Charme, ließen sich von seiner guten Laune anstecken, und es dauerte nie lange, bis eine neue Idee dabei herauskam.

Mit dieser kommunikativen Begabung überreichlich ausgestattet und mit seinem nie versiegenden Einfallsreichtum hat er seine kleine Familie ernährt, die später noch um zwei Schwestern anwachsen sollte. Es gab nicht einen Tag, an dem wir Hunger litten. Mehr noch: Es ging uns von Jahr zu Jahr besser.

Und dann kam der denkwürdige Moment, in dem meine Eltern beschlossen, eine Firma zu gründen: »Martin Kolf Süßwaren und Spirituosen en gros und en detail« sollte sie heißen. Zu diesem Zweck mieteten sie von der Gärtnerei Marx einen Lagerschuppen und ein kleines Geschäft in der Hanfelder Straße.

Mit diesem Laden betraten meine Eltern Neuland, in jeder Hinsicht. Die Waren wurden nicht wie in einem Feinkostgeschäft sorgsam aufgebaut und schön präsentiert, sondern lagerten in schmucklosen Regalen oder in Kisten, aus denen noch die Holzwolle hervorlugte. Aber dafür – und das war die große Attraktion – waren Pralinen, Schokolade, Marzipan, Kakao, Bonbons, Weine, Champagner, Brände und Liköre eben auch billiger als im klassischen Feinkostladen. Es war im Prinzip das Discountersystem, wie es später von Karl und Theo Albrecht perfektioniert wurde. Nur nannte man das damals noch nicht so.

Alles, was das Herz – vor allem das eines Kindes – begehrte, gab es in diesem Laden. Eine meiner Freundinnen fand, es sei der »paradiesischste Ort der Welt«.

Das Geschäft florierte vom ersten Tag an, in kürzester Zeit entstand eine treue Stammkundschaft. Ich erinnere mich an eine Frau Adlon aus der berühmten Berliner Hotelierdynastie, die meistens mit ihrer Tochter anrückte. Auch eine Fotografin namens Leni Riefenstahl kam häufig ins Geschäft. (Natürlich wusste ich damals noch nichts über ihre Rolle als Handlangerin Adolf Hitlers, dafür interessiert sich ein Kind auch nicht.)

Mein Vater war nun nicht mehr »Händler der vier

Jahreszeiten«, sondern nur noch von zwei Jahreszeiten, wie er das scherzhaft nannte: Süßwaren und Spirituosen. »Egal, wie die Zeiten sind, Fuschi«, sagte er, »das wird immer gebraucht.«

Meine Mutter verkaufte im Laden und machte die Buchhaltung. Nach einiger Zeit wurde ein VW-Bus als Lieferwagen angeschafft, dann noch ein Opel Caravan. Diesem Wagentyp blieb mein Vater sein Leben lang treu, immer wieder bestellte er Opel Caravans. Und auch Personal musste eingestellt werden: Den Lieferwagen steuerte fortan ein Fahrer.

Bis dahin war es für mich das Schönste, wenn Tata mich beim Ausliefern der Waren mitnahm. Zu seinen Kunden gehörte auch das Starnberger Kino Pellet-Maier, wodurch die Kassiererin mich kannte und auch wusste, wie alt ich bin. Das war mein Pech, denn als der Film »Liane, das Mädchen aus dem Urwald« 1956 anlief und ich da reinwollte, sagte die Frau an der Kasse nur lachend: »Fuschi, geh heim, da darfst du noch nicht rein.« Der Film mit Hardy Krüger und Marion Michael war ein Skandal, da »Liane« viel nackte Haut zeigte. Heute würde das niemanden mehr hinter dem Ofen vorlocken, aber damals schritt die oberste Jugendschutzbehörde ein und setzte das Alter für die Kinobesucher erst auf zwölf, dann sogar auf sechzehn Jahre hoch. Keine Chance für mich mit meinen acht Jahren.

Am aufregendsten aber waren die Touren mit meinem Vater nach München. Da gab es Kunden auf dem

Oktoberfest, die beliefert wurden, oder Kantinen von großen Firmen wie Rodenstock. Anfangs fuhr Tata noch mit der Bahn zu seinen Kunden und stieg – ganz symbolträchtig – am Starnberger Bahnhof aus. Die Gegend rund um den Nordflügel des Hauptbahnhofs, wo heute die Arnulfstraße anfängt, war damals übersät mit Baracken: Kleine Geschäfte, Kioske mit Zeitungen, Schnaps, Zigaretten, Brause und Bonbons in der Auslage, Kramläden, aber auch ein Feinkostgroßhändler und eine Sektkellerei waren hier angesiedelt. Viele der Händler hier am Münchner Hauptbahnhof kannte mein Vater noch aus den Schwarzmarktzeiten in der Möhlstraße. Einige von ihnen zogen später in die Theatinerstraße um. Das war dann schon eine etwas standesgemäßere Adresse, wenngleich die Gegend noch lange nichts von ihrer heutigen Pracht hatte. Auch hier ragten nach wie vor Ruinen in die Höhe, behelfsmäßige Baracken säumten die Straße. Wenn ich heute vom Odeonsplatz Richtung Marienplatz gehe, habe ich die Bilder aus dieser Zeit immer noch vor Augen. Ich war nicht oft als Kind in München, aber was ich damals sah, hat sich mir tief eingeprägt.

*

Für mich war der Laden meiner Eltern einfach nur ein Schlaraffenland. Aber für meine Eltern war er sehr viel mehr als nur ein Mittel, um Geld zu verdienen. Er war für sie ein Zeichen, dass sie angekommen waren. Dass sie wieder jemand waren, nachdem sie von heute auf morgen aus ihrem wohlbehüteten Leben gerissen worden waren und von einem Tag auf den anderen nichts mehr gehabt hatten, nur noch entwurzelte Niemande gewesen waren.

Vor allem mein Vater genoss die neue gesellschaftliche Stellung. Tata, einer der geselligsten Menschen, die ich kenne, tanzte auf allen Hochzeiten, er spielte Tennis, Handball, Skat und war sofort mit dabei, wenn es irgendwo etwas zu feiern gab. Wenn zwei Feste gleichzeitig und an weit auseinanderliegenden Orten anstanden – zum Beispiel eins im Ort und das andere auf einem der großen Ausflugsdampfer, die oft für Familien- oder Firmenfeiern genutzt wurden –, bereitete ihm das geradezu körperliche Qualen, weil er ja nur eins von beiden besuchen konnte. Egal, bei welchem Verein, in welcher Runde, bei welcher Religionsgemeinschaft – er hat die Feiern alle mitgenommen.

Das Größte für ihn war aber der Fasching. (Da habe ich ihm später nachgeeifert …) Er ging am liebsten als Matrose oder Pirat, Mama als Zigeunerin. Einmal stand ein Faschingsfest in der Münchner Reichenbachstraße an, gleich neben der Synagoge, im Teppichgeschäft von Rolf Platz, einem Freund meiner Eltern. Sie waren jeder im eigenen Wagen dorthin gefahren, also fuhren sie anschließend auch getrennt wieder zurück, Tata vorneweg. Gleich hinter dem Ortseingang von Starnberg muss er kurz eingenickt sein, denn er krachte mit seinem Opel Caravan in das Schaufenster des Starnberger Kaufhauses.

Die Polizeiwache lag gleich um die Ecke, die Beamten kannten meinen Vater gut, der ihnen hin und wieder schon mal ein oder zwei Flaschen Sekt oder Weinbrand spendierte. Vom Lärm aufgeschreckt, eilten sie herbei und riefen fast bedauernd aus: »Ja mei, was machen's denn da für Sachen, Herr Kolf! Jetzt simmer scho da, jetzt müssen's aber wenigstens fünf Mark zahlen.«

KAPITEL 3

Palukes und Pralinen

Mit sechs kam ich in die Volksschule Starnberg. Die lag unterhalb vom Schloss, nicht weit von unserer Wohnung entfernt. Ich war froh, dass die quälende Zeit im Kindergarten hinter mir lag, aber ich kam vom Regen in die Traufe. Meine Mitschüler akzeptierten mich nicht. Vor allem wegen meines rollenden R's wurde ich ausgelacht und gehänselt. Ich fühlte mich ausgegrenzt, ich gehörte nicht dazu, noch weniger als zuvor schon im Kindergarten.

Außenseiterin zu sein ist immer bitter – für ein Kind aber besonders schlimm. Ich hatte in der Schule keinen sehnlicheren Wunsch, als dazuzugehören. Aber meine Mitschüler sprachen anders, spielten anders, aßen anders und lachten anders – und am liebsten über mich. Und sie gehörten einer anderen Kirche an. Später besuchte ich aus reiner Neugier einmal einen katholischen Gottesdienst. Ich setzte mich einfach mit dazu – und musste feststellen, dass es mir gut gefiel. Das ganze

Brimborium, die Zeremonien und die bunten Gewänder, so was gab's bei den evangelischen »Ketzern« nicht. Nur auf den Weihrauch konnte ich ganz gut verzichten. Als ich meinen Eltern davon erzählte, wie aufregend dieser Gottesdienst gewesen war, erntete ich bloß Kopfschütteln. Katholisch? Davon wollten sie nichts wissen. Wir waren evangelisch, auch wenn ich nicht besonders religiös erzogen wurde. Eher schon schien der jüdische Einfluss ab und zu auf. Meine jüdische Großmutter mütterlicherseits hatte ihre Tochter Lieselotte gelehrt, koscher zu kochen. Und meine Mama achtete streng darauf, wenigstens die Grundregeln zu befolgen, also zum Beispiel nie einen Topf, in dem Milch gekocht wurde, für Fleisch zu benutzen.

Das Essen war auch so etwas, was mich von meinen Mitschülern unterschied. Auf dem Schulhof fragten sie mich manchmal, was bei uns zu Hause auf den Tisch kommt. Wenn ich dann sagte: »Gestern hatten wir Palukes«, ging prompt die Hänselei wieder los. Sie konnten sich ausschütten vor Lachen: über das Wort Palukes, und wenn ich dann erzählte, was es bedeutet, erst recht. Palukes war nichts anderes als das, was man heute Polenta nennt, ein fester Maisbrei. Ein in halb Europa beliebtes Gericht, für das man sich eigentlich nicht schämen muss. Aber im Land von Weißwurst, Knödel und Schweinsbraten war Palukes für die Kinder das Gleiche wie die Mehlspeisen der Vertriebenen: Nix Gscheits, der Fraß der anderen eben.

Ich koche und esse heute noch gern Palukes. Und bei uns zuhause gab es damals einen beliebten Zweizeiler: »Wo Kind und Hund Palukes würgen, ist meine Heimat Siebenbürgen.« Als Kind habe ich mich natürlich gehütet, diesen Spottvers, der aber auch ganz liebevoll gemeint ist, auf dem Schulhof aufzusagen. Dann wäre die Hänselei noch schlimmer geworden.

Umgekehrt fing mein Vater oft an zu lästern, wenn es um die Gerichte der Deutschen ging. Dass sie so gern Kartoffeln essen, das konnte er zum Beispiel überhaupt nicht nachvollziehen. »Kartoffeln sind für die Schweine«, pflegte er zu sagen. Aber darüber habe ich vor Klassenkameraden oder Lehrern natürlich nie ein Wort verloren, immer die ständige Ermahnung der Eltern im Ohr: »Benimm dich anständig, du bist hier nur zu Gast.«

Was mich in den Augen meiner Mitschüler ebenfalls verdächtig machte, war die Tatsache, dass ich nicht nur ein vermeintliches »Flüchtlingskind« war – die Fremden wurden alle in einen Topf geworfen –, sondern aus einer so kleinen Familie kam: Vater, Mutter, Tante. Das Brüderchen, mit dem meine Mutter zu Anfang meiner Schulzeit schwanger war, starb kurz nach der Geburt, die Schwestern waren noch nicht einmal geplant. Vier Personen, das war nichts im Vergleich zu den großen bayerischen Familienclans mit Großeltern, Eltern, Geschwistern, Cousins, Nichten und Neffen, Enkeln. Dass auch wir oder die Vertriebenen so große Familien hatten, die aber durch den Krieg auseinandergerissen worden oder umgekommen waren, interessierte sie nicht.

Oft war ich traurig und verzweifelt, wie geringschätzig mich meine Klassenkameraden behandelten. Aber ich ließ mir auch nicht alles gefallen. Wenn mir mal wieder jemand auf dem Schulhof zu dumm kam, schlug und boxte ich um mich, und es dauerte nicht lange, bis die schönste Keilerei im Gange war. Selten war ich die Unterlegene, meistens verließ ich als siegreiche Rächerin das Schlachtfeld. Mein Vorbild war schließlich die »rote Zora« aus dem gleichnamigen Kinderbuch von Kurt Held.

Mit solchen Kloppereien verschaffte ich mir allmählich etwas Respekt – und das war ein gutes Gefühl. Mein Ruf drang sogar bis zu meinen Eltern durch. Doch dann kam es eines Tages knüppeldicke, als sich nach Schulschluss eine Gruppe Buben und Mädchen zusammenrottete, mir auflauerte und mich nach Strich und Faden verprügelte. Sie kannten keine Gnade. An der Jacke zwei Knöpfe abgerissen, so schlich ich heimwärts und erzählte empört, was mir widerfahren war. Und was sagte mein lieber Vater? »Na prima, jetzt haben sie dir deine Raufereien endlich mal heimgezahlt, das soll dir eine Lehre sein. Wer war denn alles dabei? Schreib mir mal die Namen auf. Da bekommt jetzt jeder 50 Pfennig von mir als Belohnung.« Ich war restlos bedient. Erst werde ich vermöbelt, und dann fällt mir auch noch der eigene Vater in den Rücken. Zur Auszahlung der Belohnung kam es dann zwar nicht, doch ich fand, dass die Idee allein schon schlimm genug war.

Meine Stellung in der Klasse verbesserte sich spürbar, als meine Eltern den Laden eröffneten. Jetzt war ich nicht mehr die mit den »ollen Palukes«, sondern die mit Pralinen, Schokolade und Brause. Jemand, mit dem man befreundet sein wollte. Und weil ich da noch etwas nachhelfen wollte – sicher ist sicher –, stibitzte ich einmal aus einem Regal eine Schachtel mit Eiskonfekt. Die einzelnen Pralinés verschenkte ich aber nicht etwa, sondern verhökerte sie für ein paar Pfennige an meine Mitschüler. Als mein Vater das spitzkriegte, ermahnte er mich zwar, nie wieder etwas zu stehlen – und lobte mich dann für meinen Geschäftssinn.

Den, so sagte er, wolle er weiter fördern, und bald ergab sich eine Gelegenheit dazu. Es ging um mein Taschengeld. Statt 50 Pfennige in der Woche bot er mir eine Art Glücksspiel an. Er griff in seine Hosentaschen, zog die Fäuste heraus, und ich konnte wählen: rechts oder links. In der einen Faust war nichts drin, in der anderen weit mehr als 50 Pfennige. Dieses Spiel lief ein paar Wochen, bis meine Mutter davon Wind bekam und Einspruch erhob: »Was sind denn das für Erziehungsmethoden? Du erziehst das Kind ja noch zur Spielerin.« Damit war die Förderung meines Geschäftssinns fürs Erste beendet.

*

So schwer ich mich anfangs auch tat, ich habe auch schöne Erinnerungen an die Volksschule Starnberg. Zum Beispiel an die Schulspeisung, die von den amerikanischen Besatzungssoldaten organisiert wurde. Vor allem Müsli und Malzbonbons hatten es mir angetan. Und mit der Zeit lernte ich jenseits von Bestechungsversuchen mit Eiskonfekt auch so etwas wie Kameradschaft kennen. Gegenüber der Schule befand sich die Gaststätte »Die Alm«, neben deren Eingangstür ein Zigarettenautomat hing. Für 50 Pfennige spuckte der eine Fünferpackung der Marke »Mokri« aus. Für uns war es eine Mutprobe, die Groschen in den Schlitz zu werfen und die Packung zu ziehen, ohne dass uns jemand dabei erwischte. Anschließend versteckten wir uns im Gebüsch oder hinter einer Mülltonne, qualmten kichernd und hustend unsere ersten Zigaretten und kamen uns wahnsinnig verwegen vor. Wenn Leute mich heute entgeistert anpflaumen, dass ich nach wie vor rauche, sage ich immer: Das liegt nur an den »Mokris« aus der Alm.

Neben diesem Laster sind mir auch meine zwei besten Freundinnen aus der Volksschulzeit erhalten geblieben. Annette Purrmann und Sabine König gehörten nicht zu den bayerischen Giftnudeln, die mich hänselten, weil ich nicht so war wie sie.

Die Purrmanns wohnten nicht weit weg von uns im Riemerschmid Schlössl. Annettes Großvater, Hans Purrmann, war ein berühmter Maler, dessen Kunst unter den Nazis als »entartet« galt. Purrmann floh erst nach

Florenz, dann ins Tessin, wo er nach Kriegsende auch blieb. Annettes Vater war Chemiker, ihre Mutter, die ebenfalls aus einer Künstlerfamilie stammte, war Schauspielerin. Sie trat in einem Münchner Theater auf und wurde von allen sehr bewundert. Die Purrmanns führten ein offenes Haus, in dem auch wir Kinder aus der Nachbarschaft willkommen waren. Und manchmal durften wir nachts sogar im Garten zusammen zelten. Einfach herrlich!

Sabine war die Tochter einer sehr guten Freundin meiner Mama. Immer, wenn sie Frau König besuchte, durfte ich mit. Dann spielten Sabine und ich Theater: Wir liebten es, uns immer wieder umzuziehen und neue Kostümierungen auszuprobieren, was nicht immer auf Gegenliebe bei Frau König stieß, deren ganzen Kleiderschrank wir dabei durchwühlten.

KAPITEL 4

Anarchie in der Meierei

Die Familie und der Haushalt waren kräftig gewachsen. Im Abstand von anderthalb Jahren bekam ich
zwei Schwestern, Annette (1957) und Elisabeth (1959).
Die Wohnung platzte aus allen Nähten, es musste dringend eine neue Bleibe her. Diesmal sollte es aber keine
Mietwohnung sein, sondern ein eigenes Haus.

Auf eine Behörde zu gehen, in der Zeitung Immo-
bilienanzeigen zu studieren oder selber eine aufzuge-
ben – das war Tatas Sache nicht. Dazu fehlte ihm die
Geduld. Er war jemand, der am liebsten alles sofort re-
gelte, wenn möglich im persönlichen Kontakt. Und
dabei sollte ihm diesmal der »Briefträger-Trick« helfen.
Das war wieder mal eine seiner lustigen Wortschöpfun-
gen und originellen Ideen. »Wenn einer im Viertel alles
weiß, und zwar wirklich *alles*«, sagte mein Vater und
machte eine kleine Kunstpause, »dann ist es der Brief-
träger. Und der kriegt auch früher als alle anderen mit,
wo demnächst was frei wird.«

Gesagt, getan. Mein Vater sprach mehrere Postboten an, die ihm versicherten, sie würden die Ohren aufsperren. Tatsächlich dauerte es nicht lange, bis die passende Immobilie im Blickfeld war: ein schönes altes Anwesen aus der Zeit um die Jahrhundertwende, in der Ottostraße 2, mit zehn Zimmern und einem großen verwunschenen Garten. Wir alle liebten es. Der Kauf wurde besiegelt, die Handwerker kamen, bauten hier und da noch etwas um und dazu – zum Beispiel drei Garagen. Wobei das besondere Augenmerk meines feierwütigen Vaters natürlich dem Partykeller galt. Hier tanzten meine Eltern später mit ihren Freunden und unter der Anleitung eines Tanzlehrers Foxtrott, Cha-Cha-Cha und Boogie-Woogie. Der Sound kam aus der Musiktruhe, und zu vorgerückter Stunde legte mein Vater schon mal einen Kasatschok aufs Parkett. Wenn meine Freundinnen und ich diesem Treiben der Erwachsenen heimlich zusahen, kicherten wir mit hochrotem Kopf. Peinlich, dieses Gehopse.

Der Partykeller war Tatas ganzer Stolz; rauer Putz und bunte Kelims an den Wänden, auf den Tischen die ewig tropfenden Kerzen, auf leere Weinflaschen gesteckt, und natürlich gab es da unten auch eine Hausbar. Und als München 1972 Gastgeber der Olympischen Spiele war, feierten die deutschen Turnolympioniken in unserem Partykeller. Am 5. September nahmen die »heiteren Spiele« von München eine tragische Wendung. Die palästinensische Terrororganisation »Schwarzer

September« war in das Olympische Dorf eingedrungen und hatte elf jüdische Sportler als Geiseln genommen – um neben palästinensischen Gefangenen auch die RAF-Mitglieder Andreas Baader und Ulrike Meinhof aus israelischer und deutscher Haft freizupressen. Am Ende einer missglückten Befreiungsaktion waren alle Sportler, elf Geiseln, ein Polizist und die fünf Geiselnehmer tot. Nicht nur für meine Eltern, die enge Kontakte zur jüdischen Gemeinde hatten, war das ein schwerer Schock.

*

Beinahe täglich begleitete ich Tata auf die Baustelle, lief aufgeregt zwischen den Handwerkern herum und inspizierte mein zukünftiges Zimmer. Hier, in diesem Haus in der Ottostraße, haben meine beiden Schwestern ihre Kindheit verbracht, während meine allmählich ausklang. Zwischen uns lagen neun beziehungsweise elf Jahre Altersunterschied. Das ist ohnehin viel, für Kinder aber eine halbe Ewigkeit. Ich habe meine Schwestern immer sehr gern gehabt, aber, wenn ich ehrlich bin: Eine besonders tiefe Beziehung ist damals zwischen uns nicht entstanden. Jedenfalls nicht so eng, wie die beiden untereinander waren. Um noch mit ihnen zu spielen, dafür fühlte ich mich zu alt. Ich musste aber auch nicht auf sie aufpassen, wozu man sonst als ältere Schwester gerne verdonnert wird. Denn das Geschäft

brummte, und inzwischen war im Hause Kolf reichlich
Personal da: Toni aus Tirol war als Kinderschwester nur
für die beiden Kleinen zuständig; dann waren da noch
Frau Böck, unsere »Zugehfrau«, und ihr Mann, der als
Gärtner bei uns arbeitete. Und einen Fahrer hatten wir
auch noch, Herrn Listl.

Als ich noch so klein war wie meine Schwestern jetzt,
waren wir nur zu viert gewesen, die Eltern, die Tante
und ich, eine verschworene kleine Gemeinschaft. Die
Atmosphäre hatte sich schon durch die Geburt meiner Schwestern geändert, aber diese neue Entwicklung
jetzt war mir absolut nicht geheuer. Und die Uniform
von der Toni fand ich einfach nur fürchterlich – blau-
weiß gestreift. Mama bestand drauf, dass all diese hel-
fenden Hände wichtig seien, sie allein nicht mehr alles
stemmen könne, den Haushalt, die Kinder, das Geschäft.
Alles sei gut so, wie es gemacht werde, Schluss mit dem
Herumgenöle. Als später auch noch eine Köchin dazu-
kam, hatte ich mich längst an die neue Situation ge-
wöhnt.

Der große Haushalt war allerdings nicht die einzige Veränderung, mit der ich zurechtkommen musste.
Denn meine Eltern vertraten die Ansicht, wer seinem
Kind in der Vorbereitung auf das Leben etwas Gutes
tun will, der schickt es aufs Internat. In meinem Fall
hieß das: Schondorf am Ammersee.

Am Familientisch gab es kaum noch ein anderes
Thema. Meine Eltern schwärmten mir vor, wie wertvoll

das Leben im Internat für die Entwicklung des Charakters sei. Das Zusammensein mit Gleichaltrigen und auch mit älteren Jugendlichen werde mir guttun, meinen Gemeinsinn schärfen und mir später im Leben eine mehr als nur eine schöne Erinnerung sein, meinten sie. Und ganz bestimmt würde ich tolle Freundinnen und Freunde in Schondorf finden.

Wenn ich daran dachte, schoss mir sofort in den Kopf, was ich alles vermissen würde. Die Eltern, die Schwestern und zwei, drei Freundinnen. Und den wunderbaren Garten. Aber wenigstens würde es wieder einen See geben. Gleichzeitig war ich auch sehr gespannt auf Schondorf. Da war kein Widerwillen, wenn ich an das Internat dachte, und Angst schon gar nicht. Ich fand es, bei allem Trennungsschmerz, sehr aufregend, dass mein Leben eine neue Wendung nehmen sollte. Das hatte mich schon von klein auf immer gereizt: was Neues machen, raus aus dem Trott.

Als sich meine Mutter eines Abends an die Nähmaschine setzte und lauter kleine Stoffschildchen mit meinem Namen in meine Wäsche, Pullover, Hemden und Nachthemden nähte, wurde ich ganz hibbelig. Ich stellte mir vor, wie die Kleidung von all den vielen Kindern in einer riesengroßen Maschine gewaschen wird, und überlegte, ob wohl hinterher jeder Einzelne seine Sachen da rausholen und zum Trocknen aufhängen müsse oder ob das die Waschfrauen im Heim erledigten. Eines schien jedenfalls festzustehen, und das fand ich schon mal sehr gut: Man musste seine Wäsche nicht selber waschen, sonst hätten die Namensschilder ja keinen Sinn.

Noch heute habe ich, wenn ich an meine Internatszeit denke, immer auch dieses Bild vor Augen: wie meine Mama – akkurat wie immer und mit großer Sorgfalt – diese vielen kleinen Namensschilder erst einnäht und dann sorgfältig mit dem Bügeleisen drüberfährt.

*

Von Starnberg nach Schondorf sind es knapp vierzig Kilometer. Eigentlich keine große Sache. Wir waren die Strecke bei verschiedenen Sonntagsfahrten mit dem Auto auch schon mehrfach gefahren. Doch als mich meine Eltern an einem schönen Spätsommertag des Jahres 1959 zum Internat am Ammersee fuhren, war das wie eine Reise in eine neue Welt, weit weg von der gewohnten, aus der ich kam.

Die Internatsleitung hatte meinen Eltern mitgeteilt, dass ich – trotz der räumlichen Nähe – keineswegs an jedem Wochenende nach Hause kommen könne, nicht mal in jedem Monat. Grund dafür war der hohe Anteil auswärtiger Mitschüler, die aus allen Teilen der Bundesrepublik kamen, viele sogar aus dem Ausland. Die könnten ja schließlich auch nicht ständig nach Hause fahren. Aus demselben Grund war es auch nicht erwünscht, dass die Eltern allzu oft zu Besuch kamen, denn das wäre ebenfalls ungerecht gegenüber den Auswärtigen.

Zum ersten Mal in meinem elfjährigen Leben musste ich also für längere Zeit Abschied von meinen Eltern nehmen. Wir umarmten und drückten uns, und sie gaben mir noch jede Menge Ermahnungen mit auf den Weg, darunter auch die unvermeidliche: »Denk daran, dich zu benehmen, wir sind in diesem Land nur zu Gast.« Ich war traurig, aber dann doch so aufgeregt und gespannt auf das, was vor mir lag, dass sich der Abschiedsschmerz in Grenzen hielt.

Das Erste, was mir auffiel, war, dass das Internat gar nicht nach Schule aussah. Ein wunderschönes altes Haus mit Fensterläden im Zentrum, dazu einige kleinere Nebengebäude, das ganze Areal sehr großzügig angelegt, mit Fußball-, Tennis- und Hockeyplätzen und einem großen Wald. In nur zwei Minuten war man am See. Dort hatte die Schule sogar einen eigenen Badesteg.

Das Zweite, was mir auffiel, war, dass es hier offenbar ganz entspannt zuging. Die Lehrer wirkten freundlich und offen, aus den Fluren hörte man Lachen, und ein paar Jungs schauten neugierig zu uns herüber. Dass gleich fünf Mädchen auf einmal eingeschult wurden, war ungewöhnlich – nur ein Fünftel der Internatsschüler waren Mädchen. Und die wohnten im kleinsten Haus auf dem Gelände, in der »Meierei«.

Wir fünf Neuen kamen in ein Zimmer. In einer so

engen Gemeinschaft habe ich später nie wieder gelebt. Kein Wunder, dass die Namen und die Gesichter meiner Kameradinnen, die alle gute Freundinnen wurden, für immer in mein Gedächtnis eingebrannt sind: Barbara Weigmann aus Bad Hindelang im Allgäu, Christiane von Rotenhan aus dem Fränkischen, Michaela Schmidt aus München und Andrea Teuber, die von sehr weit herkam, nämlich aus Peru.

Traditionell wurden die Erstklässlerinnen in Schondorf »Frösche« genannt und bekamen entsprechend eine »Froschmutter« zugewiesen. Die Froschmütter gingen selbst noch zur Schule, waren aber so um die fünf Jahre älter als ihre neuen Schützlinge. Sie sollten sich um uns kümmern und uns die Internatswelt erklären. Mit meiner Froschmutter Ursula Heilmeier hätte ich es nicht besser treffen können. Wann immer ich sie brauchte, in schulischen Dingen oder bei privaten Sorgen, war sie für mich da. Und auch an den Wochenenden nahm sie mich unter ihre Fittiche. Ihr Vater hatte ein Wochenendhaus auf der anderen Seeseite, wo wir gemeinsam schwimmen gingen oder Vater Heilmeier beim Segeln zusahen. Er besaß ein eigenes Boot und segelte Regatten, an denen allerdings nur er selbst und ein Freund teilnahm. So war immer gewährleistet, dass einer von ihnen Regattasieger war.

Nach der Schule heiratete Ursula einen ehemaligen Mitschüler, Peter Haeusgen. Die beiden zogen nach München, und Ursula, eine leidenschaftliche Mäzenin in Sachen Lyrik, gründete dort ihr berühmtes Lyrik Kabinett, nach der Poetry Library in London die zweitgrößte öffentliche Poesiesammlung Europas, um das sich jetzt ihr Sohn Karl Haeusgen ganz wunderbar kümmert. Wir waren bis zu ihrem Tod 2021 sehr eng befreundet, und immer, wenn wir uns sahen, schwelgten wir in Ammersee-Erinnerungen.

*

Schule machte mir Spaß in Schondorf. Der Gründer des Internats hatte schon 1905 als Losung ausgegeben »Macht's selber«. Eigenverantwortung wurde großgeschrieben, und der Unterricht folgte dem Leitbild »Lernen mit Kopf, Herz und Hand«. Es gab handwerkliche Fächer wie Töpfern und Werken, jede Menge Sport und ambitionierte Theater-, Kunst- und Musikkurse. Letztere wurde mir allerdings etwas verleidet, weil irgendjemand auf die schreckliche Idee gekommen war, mich Geigespielen lernen zu lassen. Mein hilfloses Gekratze auf diesem edlen Instrument hatte Mozart nicht verdient! Sosehr ich mich auch mühte, es klang wie Katzengejammer, und irgendwann hab ich's wieder aufgegeben.

Die Lehrer vermittelten uns unaufgeregt und ohne allzu penetrantes Autoritätsgehabe Wissen, Bildung und Kultur. Das Lernpensum war stramm, zumal ich gleich mit Latein anfing. Aber ich war mit Begeisterung

dabei, was auch an meiner Lateinlehrerin Johanna Prae-
torius lag, die ich sehr verehrte. Und den Mathelehrer,
Herrn Rabe, himmelte nicht nur ich an. Das Beste an
Schondorf aber war, dass zwischen allen Schülern, den
neuen wie den alten Hasen, ein großes Gemeinschafts-
gefühl herrschte. Ich gehörte endlich dazu. Hier war
von bayerischer Dominanz und Arroganz nichts zu spü-
ren, was ja auch kein Wunder war bei so vielen auswärtigen Mitschülern. Da herrschte schon auf dem Pausen-
hof eine ganz andere Weltläufigkeit.

Dass ich von Anfang an akzeptiert wurde, tat mir gut.
Mein Selbstbewusstsein wuchs, immer öfter führte ich
das große Wort, und durch den vielen Sport konnte ich
es auch mit den Jungs aufnehmen, was mir einen ungewöhnlichen Zeugniseintrag einbrachte. Im Internat
gab es nämlich einen interessanten Brauch, der irgendwie typisch war für das unkonventionelle Denken des
Lehrkörpers. Am Ende des Schulhalbjahres, wenn der
Klassenlehrer sein Zeugnis schrieb, sollte auch der Klas-
sensprecher eine Kurzbewertung für seine Mitschüler
abgeben. Und so war in meinem ersten Halbjahreszeug-
nis zu lesen: »Lianne Kolf ist stark wie ein Bär.«

Ich platzte fast vor Stolz. Stark zu sein war wichtig für
mich, ganz allgemein, aber auch aus einem speziellen
Grund. Denn jenseits der harmonischen Grundstim-
mung gab es in Schondorf ein Feld, auf dem ich teils
heftigen Gegenwind verspürte und mir so manchen
Ärger einhandelte. Als Kind, als Teenager und selbst

noch als Erwachsene ist es mir immer wahnsinnig gegen den Strich gegangen, Anordnungen zu befolgen oder gar Verbote zu achten, die für mich keinen Sinn ergaben, die unlogisch oder ungerecht waren. Ich weiß noch, wie wir uns monatelang auf unseren ersten Fernsehapparat freuten, alle waren furchtbar aufgeregt. Aber als das Möbel endlich da war und ich sehen wollte, was für bewegte Bilder da rauskamen, wurde ich ins Bett geschickt. Fernsehen, das war das Tor zur Welt, und mir wurde die Tür vor der Nase zugeschlagen. Gegen solche Ungerechtigkeiten rebellierte ich, und der Impuls dazu ist mit den Jahren immer stärker geworden. Es hat mich einfach gereizt, Verbote zu übertreten. Anarchie wurde mein Lieblingswort. Und so bin ich allmählich in die Rolle der Aufmüpfigen hineingewachsen. Nicht nur meinen Eltern gegenüber, auch im Internat.

In Schondorf gab es eine Erzieherin, mit der ich vom ersten Tag an nicht zurechtkam: Fräulein Wagner. Eine Person mit sadistischen Zügen, wie ich fand. Sie schickte uns jeden Morgen um sechs oder halb sieben unter die kalte Dusche. Ich weiß noch immer nicht, wofür es gut sein sollte, so kleine Hühner wie uns kalt abzubrausen. Ich schwor mir, nie mehr in meinem Leben kalt zu duschen. Das habe ich auch eingehalten. Ich war so aufgebracht über Fräulein Wagner, dass ich versuchte, die anderen Mädchen in der Meierei gegen sie aufzuhetzen. Irgendwas müsse man gegen sie unternehmen, forderte ich, ihr das Leben schwer machen. Leider wurde ich verpetzt und hatte prompt meinen ersten Verweis weg: Wegen Aufwiegelung gegen die Internatsvorschriften. Meinem Ruf unter den Lehrern und Erziehern war das natürlich nicht gerade förderlich. Zumal es einen weiteren unangenehmen Zwischenfall gab, der zur Folge hatte, dass einige aus dem Lehrkörper mich als Anarchistin bezeichneten. Einer meiner Mitschüler, ein gewisser Norbert, ein kleines Bürschchen, war mir dumm gekommen und hatte mich beleidigt. Er hockte auf dem Fenstersims, ich sah rot und gab ihm einen Schubs, woraufhin er vom Fensterbrett nach draußen fiel. Das Klassenzimmer lag im Hochparterre, Norbert knallte auf den harten Beton des Appellplatzes. Er zog sich eine Gehirnerschütterung zu und musste auf die Krankenstation.

Seine Eltern kamen und verlangten, dass ich die Schule verlasse. Mein Vater konnte den Rauswurf irgendwie verhindern, aber ich fing mir den zweiten Verweis ein: Da stand etwas von Lianne, der Aufsässigen, und ihrer gefährlichen Lust am Provozieren.

Mit Norbert habe ich mich später wieder versöhnt. Als wir uns Jahrzehnte nach diesem Vorfall wiedersahen, konnten wir beide über die Geschichte lachen. Aber auch jetzt noch hatte er etwas an sich, dass ich sofort wieder große Lust verspürte, ihn zu provozieren. Doch so etwas macht man ja im reifen Alter nicht mehr …

*

In meinem zweiten Jahr in Schondorf begann ich mich für Jungs zu interessieren. Aber auch hier hagelte es gleich wieder Verbote. Man durfte nicht mit ihnen im Wald spazieren gehen, und schon gar nicht durfte man Händchen halten. Man durfte ihnen noch nicht mal mit dem Hockeyschläger gegen das Schienbein hauen, selbst wenn sie es verdient hatten. Umgekehrt durften sie uns nicht in der Meierei besuchen, da war Fräulein Wagner vor. Verbote, Verbote, Verbote. Aber es gab Schlupflöcher. Mit den älteren Jungs konnte man sich beim Sport oder in der Töpferei treffen. Dort lernte ich auch Verlegerkinder wie Eric Droemer kennen, der ein Freund fürs Leben wurde. Oder Hans Piper, mit dem ich gemeinsam Tonklumpen formte. Und dann gab es da noch Thomas »Toto« Gaitanides mit seinem dunklen Lockenkopf. Ein feiner Kerl, der nach der Schule beim Radio Karriere machte, bei der neu gegründeten »Service-Welle« Bayern 3. Toto hat mich ein paarmal in Sachen Buchmarkt und Literatur vors Mikrofon gebeten, und und bei Molden traf ich später seinen Vater als Autor und Fotograf wieder.

Abgesehen von den strikten Regeln im Umgang mit Jungs war vor allem eines mit Verboten belegt: das Rauchen. Aus Sicht der Internatsleitung das allerschlimmste Vergehen! Aber wir qualmten natürlich trotzdem. Ich genoss manchmal sogar das Privileg, mit zwei älteren Mitschülerinnen zu rauchen, was mir bei meinen Altersgenossinnen Respekt verschaffte. Dass die

sich mit so einer kleinen Matz wie mir abgaben ... Elke
Broosen aus Krefeld, die später Tierärztin in München
wurde, und Anita Pallenberg aus Rom waren schon 16
und teilten sich ein Zimmer. Ich war wahnsinnig stolz
darauf, dass sie mich in ihren konspirativen Qualmzir-
kel aufnahmen.

Rolling-Stones-Fans werden mit Anita sicher ganz
andere Geschichten verbinden. Mein Freund Andreas
liebt die Stones, weiß alles über sie und somit natürlich auch, dass dieselbe Anita, damals eine junge aufstre-
bende Schauspielerin, 1965 bei einem Konzert der Stones in München backstage erschien und danach dem
Gitarristen Brian Jones nicht mehr von der Seite wich.
Nach ein paar Jahren und nachdem der jähzornige
Jones sie mehrmals verprügelt hatte, wechselte sie zu
dessen Bandkollegen Keith Richards, mit dem sie über
zehn Jahre zusammenlebte, um die Welt zog, und drei
Kinder bekam. Vor einigen Jahren, da waren sie und
Keith schon lange wieder getrennt, starb sie ziemlich
einsam, mit 73 Jahren.

Ich persönlich habe mich nie besonders für die Rol-
ling Stones und ihr Umfeld interessiert, auch wenn
ich das Auf und Ab von Anitas Leben natürlich in
der Presse mitverfolgt habe. Für mich ist sie trotzdem
immer die Anita geblieben, die sie Anfang der 1960er-
Jahre in Schondorf war. Eine junge Frau, die nett zu
mir war und mich akzeptierte, die so ein ansteckendes
Lachen und ganz offensichtlich keinen Respekt vor Er-

wachsenen hatte, und vor Autoritätspersonen schon gar nicht.

Ich fand damals durchaus nicht alle Erwachsenen blöd, sondern manche, denen ich während meiner Internatszeit begegnete, sogar richtig toll. Es gefiel mir, wenn Erwachsene im Herzen jung geblieben und unkonventionell waren, wenn sie Spaß daran hatten, etwas zu tun, was aus der Reihe fiel. Und wenn sie nicht so spießig waren wie die meisten Eltern. Da war zum Beispiel der Vater eines Klassenkameraden, der zum Elterntag im Hubschrauber angeflogen kam und den Piloten mitten auf dem Fußballplatz landen ließ. Der gelungene Auftritt ging ihm runter wie Öl. Aus heutiger Sicht eher peinlich und sehr abgehoben, aber damals war ich der Meinung, von solchen »Draufgängern« dürfte es ruhig mehr geben. Das war doch etwas ganz anderes als der Opel Caravan, in dem mein Vater zu den Elternabenden nach Schondorf rollte.

Dass ich mich schneller als gedacht mit Sack und Pack in ebendiesem Auto wiederfinden sollte, hatte einmal mehr mit Anita zu tun. Das zweite Schuljahr neigte sich dem Ende zu, ich fühlte mich im Großen und Ganzen wohl in Schondorf, war im Unterricht engagiert bei der Sache, gut im Sport und im Töpfern und überlegte immer noch, wie ich Fräulein Wagner eins auswischen könnte – da wurde ich bei zwei Vergehen erwischt.

Das eine war nicht so schlimm (Spazierengehen mit

einem Jungen), das andere dagegen schon: Rauchen mit Anita. Das Rauchen wog für die Internatsleitung schwerer als einen Jungen im Streit aus dem Fenster zu stoßen. Meinen und auch Anitas Eltern wurde nahegelegt, uns abzuholen und abzumelden.

Während Tata mein Gepäck verstaute, nahm ich tränenreich Abschied von meinen Freundinnen und Freunden. Von meiner Froschmutter Ursula, von Barbara und ihrer Schwester Andrea, die ich während der Ferien in Bad Hindelang besucht hatte, von Christiane, Michaela und Andrea, von Eric, Toto und Elke, von Christian Ratjen, meinem »großen Bruder«. Wir versprachen uns, regelmäßig Briefe zu schreiben, und winkten lange zum Abschied.

Tatsächlich haben die Freundschaften fast alle gehalten. Mit Eric habe ich vor fünf Jahren Myanmar bereist. Und mit Barbara, die in Frankfurt lebt und immer noch eine gute Freundin ist, treffe ich mich regelmäßig. Wir kennen uns jetzt seit unglaublichen 63 Jahren.

KAPITEL 5

Familienzusammenführung

F ür meine Eltern war das unfreiwillige Ende meiner Internatszeit zum Glück kein großes Drama. Es war jetzt eben so, und fertig. Sie waren beide nicht der Typ, verpassten Gelegenheiten lange hinterherzutrauern und den Blick nach hinten zu richten. Der Schnee von gestern interessierte sie nicht, und mir geht es heute genauso. Ein bisschen freuten sie sich natürlich auch, ihre Fuschi wieder bei sich in der Ottostraße zu haben. Gleich am nächsten Tag meldete mein Vater mich im Starnberger Gymnasium an.

Mein unrühmlicher Abgang fiel in eine Zeit, in der meine Eltern ohnehin mit ganz anderen Dingen beschäftigt waren. Sie mussten sich eingestehen, dass ihr Traum von einer Rückkehr in die alte Heimat ausgeträumt war. Der Weg in ihr geliebtes Siebenbürgen war versperrt und würde versperrt bleiben. Die politische Großwetterlage war schlecht, die kommunistische Volksrepublik systematisch nach stalinistischen Vorstellungen umgeformt worden. Ein Leben dort würde es für sie nicht geben. Es tat richtig weh, sie wochenlang so traurig und deprimiert zu sehen.

Meine Eltern hingen manchmal zu fortgerückter Stunde und in entsprechender Stimmung Auswanderungsfantasien nach. Mein Vater liebäugelte auf einmal mit Israel. Viele seiner Freunde waren dorthin gegangen, um im Kibbuz oder anderswo tätige Aufbauarbeit zu leisten. Einige kamen allerdings nach ein paar Jahren wieder zurück. Wenn Tata dieses Auswanderungsthema anschnitt, kam irgendwann auch die Mama aus der Reserve. Sie äußerte für alle überraschend den Wunsch, nach Hollywood gehen zu wollen. Ja, Hollywood, im fernen Amerika, mit seinen Stars und Sternchen aus der boomenden Filmindustrie, das war ihr neuer Sehnsuchtsort. Dort, unter kalifornischer Sonne und inmitten vieler interessanter schöner und erfolgreicher Menschen, würde es ihr bestimmt gefallen, meinte sie – ohne genauer auszuführen, was sie dort tun wollte. Wenn mein Vater sie dann vorsichtig darauf hinwies, dass es da ja vielleicht ein klitzekleines Sprachproblem gebe, schnaubte sie nur: »Man wird ja wohl noch träumen dürfen.«

1960 wurde schließlich wahr, womit mein staatenloser Vater den österreichischen Konsularbeamten in München scherzhaft gedroht hatte: »Wenn das so weitergeht mit diesen Schikanen, werden wir doch noch Deutsche.« Meine Eltern und wir Kinder bekamen die deutsche Staatsbürgerschaft. Und der Satz »Fuschi, benimm dich anständig, wir sind hier nur zu Gast«, den ich gefühlt eine Million Mal gehört hatte, galt nicht mehr. Wir waren hier nicht mehr länger nur zu Gast. Aber waren wir jetzt wirklich angekommen?

In Wirklichkeit fühlten sich die Eltern nicht eben unglücklich in dem Land, dessen bergige Landschaft in Oberbayern sie an die Karpaten erinnerte. Mit dem Erwerb der deutschen Staatsbürgerschaft waren sie nun auch berechtigt, beim Staat Anträge auf Lastenausgleich zu stellen. Die neue Heimat Starnberg hatte ihnen jede Menge Möglichkeiten geboten, und sie hatten sie alle genutzt. Sie wohnten in bester Lage, waren geachtete und respektierte Mitbürger und genossen ein hohes Maß an sozialer Anerkennung. Ihr Geschäft florierte so sehr, dass sie bald noch eine Filiale in Gauting aufmachten. Sie hatten drei Töchter, zwei niedliche kleine und eine große, die alterstypisch etwas rebellisch war und es nicht mochte, wenn jemand auf sie aufpassen wollte oder ihr Vorschriften machte. Kurz: Eine intakte Familie, von allen gemocht.

Man könnte nun annehmen, das Thema Rumänien/ Siebenbürgen sei nun ein für alle Mal erledigt gewesen, aber im Gegenteil: Es nahm noch einmal richtig Fahrt auf und sollte uns die kommenden Jahre auf eine Weise beschäftigen, mit der niemand rechnen konnte.

Kaum war die Tinte in unseren Pässen getrocknet, reisten Mama, Tata und ich für zwei Wochen nach Rumänien.

Meine Schwestern waren noch zu klein und mussten zu Hause bei der Toni bleiben, ihrer Kinderschwester in der gestreiften Uniform. Wir fuhren durch Österreich und Jugoslawien. Die Straßen waren teilweise in miserablem Zustand, und unser Auto bollerte über die Schlaglöcher, dass uns angst und bange wurde. Tante Hilde und ihr Mann kamen aus Köln angereist. Onkel Manfred fuhr einen dicken Ami-Schlitten, einen Chevrolet mit großen Heckflossen und besser gefedert als unser Opel Caravan. Als wir ankamen, wurde Onkel Manfreds Wagen von allen bestaunt, die Kinder liefen zusammen und konnten sich gar nicht sattsehen an der Karosse.

Das Wiedersehen mit Großeltern, Onkeln und Tanten, Vettern und Cousinen war sehr emotional. Alle weinten vor Glück, alle nahmen sich in die Arme, es wurde gelacht, gegessen und getrunken, und die alten Geschichten sprudelten nur so. Nur meine Mutter war traurig, weil ihre Eltern das nicht mehr erleben konnten. Sie waren wenige Jahre nach dem Krieg gestorben.

Ich habe bestimmt an die fünfzig enge und entfernte Verwandte kennengelernt, dazu dutzende Nachbarn. Mehrmals wurde ich prüfend angeschaut, weil ich so dünn war, und dann folgte die verwunderte Frage an meine Eltern: »Gibt's im Reich denn immer noch nichts zu essen?« Zum Beweis, dass es sich im »Reich« gut leben ließ, zeigte Tata Fotos herum und berichtete von seinen erfolgreichen Geschäften und unserem großen Haus.

Wir erkundeten die Gegend rund um Kronstadt, und auf den Fahrten über Land sah ich so riesige Gehöfte, wie ich sie in Oberbayern noch nie gesehen hatte. Dass der rumänische Staat die Bauern enteignet, die Flächen verstaatlicht und in Kolchosen überführt hatte, empfanden die Erwachsenen als schreiendes Unrecht. Fasziniert haben mich auch die sogenannten Kirchenburgen, die noch aus der Zeit stammten, als die Türken im Anmarsch waren. Staunend hörte ich die Geschichten, wie sich die Leute in diesen Refugien monatelang verbarrikadierten. Sie schotteten sich so perfekt vor den Invasoren ab, dass die schließlich genervt nach Wien weiterzogen.

Auf diesen ersten Besuch folgten weitere, aus der Volksrepublik wurde die Sozialistische Republik Rumänien, und parallel zur Tauwetter-Periode in der Sowjetunion gab es auch in der alten Heimat meiner Eltern eine Phase der Liberalisierung. Rumänien war das erste Land des Ostblocks, mit dem die Bundesrepublik diplomatische Beziehungen aufnahm. Und als Bundespräsident Gustav Heinemann 1967 zum Staatsbesuch anreiste, ging es auch um die Situation der über 350 000 Deutschstämmigen im Land.

Die Kommunisten in Bukarest hatten zu diesem Zeitpunkt längst einen perfiden Plan ausgebrütet: Den im Land verbleibenden Siebenbürgern und Banatern sollte die Möglichkeit gegeben werden, in die Bundesrepublik Deutschland auszureisen – gegen Geld. Schon

1962 hatte es erste Angebote für einen solchen »Menschenauskauf« gegeben, aber nach Heinemanns Besuch kam die »Geheimsache Kanal« richtig ins Rollen. Das war Menschenhandel pur, die Preise waren gestaffelt nach Alter und Ausbildungsstand und schwankten zwischen 4000 und 12 000 Mark. In Stuttgart gab es eine Anwaltskanzlei, über die das abgewickelt werden konnte.

Unter den in Deutschland lebenden Exil-Siebenbürgern war das natürlich das neue Thema Nummer eins. Es ging nicht mehr ums Heimkommen, es ging ums Rausholen der Verwandten. Und es war irgendwie paradox: Mit den deutschen Pässen in der Tasche konnten meine Eltern nun problemlos nach Rumänien reisen – nur eben nicht als Heimkehrer, sondern als Deutsche mit Touristenvisum. Nicht nur, um liebe Verwandte wiederzusehen, sondern jetzt auch, um deren Ausreise zu organisieren. In unserer Familie, hüben und drüben, war man jedenfalls wild entschlossen, die Möglichkeiten zu nutzen. Alle waren sich einig: Wenn schon nicht in Siebenbürgen, dann wollen wir in Zukunft wenigstens in Deutschland wieder vereint sein.

Nach den quälend langen Jahren der Trennung ging dann alles ziemlich schnell. Als Erste kamen meine Großeltern väterlicherseits nach Deutschland und ließen sich zunächst in Starnberg nieder. Jahre später zogen sie nach Köln, wo der Opa sofort seinen Leitsatz: »Solange man jung ist, muss man bauen« befolgte, und ein großes Haus in die Landschaft stellte.

Dann kam der Bruder meiner Mutter, Karl Wagner, mit seiner Familie. Sie gingen nach Nürnberg. Nach den Wagners kamen die Reimers – die Familie des Cousins meines Vaters –, und zum Schluss die Schwester meiner Mutter mit ihrem Mann.

Auf diese Weise wurden bis 1989 an die 270 000 Menschen mit deutschen Wurzeln freigekauft. Auch wenn das sicher fragwürdige Methoden waren, die Menschen kamen wenigstens wohlbehalten hier an. Anders als ein Vetter von mir. Der hatte versucht zu fliehen und war erwischt worden, woraufhin ihm die Folterknechte des Regimes den Rücken kaputtschlugen.

KAPITEL 6

In bester Gesellschaft

Der Übergang vom Internat ins neue Gymnasium ganz in der Nähe des elterlichen Geschäfts erfolgte nahtlos, ich kam gleich in die dritte Klasse, freute mich und war gespannt auf neue Erfahrungen. Ich wollte unbedingt gut sein. Im Nachhinein muss ich zugeben, dass mir mein Abgang aus Schondorf einige schlaflose Nächte bereitete. Die Lehrer dort hatten mich ermutigt, mir Zuversicht gegeben, auch die Leistungen hatten gestimmt. Wenn nur ebendiese Sache mit der permanenten Aufsässigkeit nicht gewesen wäre. Wogegen rebellierte ich wirklich? Im Nachhinein besehen waren diese Dinge, gegen die ich mich auflehnte, so schlimm auch wieder nicht (abgesehen von der kalten Dusche am Morgen). War mir die Zuschreibung »stark wie ein Bär« ein wenig zu Kopf gestiegen? Ich nahm mir vor, es diesmal besser zu machen.

Aber dann legte ich einen fatalen Fehlstart hin, für den ich eigentlich nichts konnte. In Starnberg folgten sie einem anderen Lehrplan als in Schondorf. Vieles von dem, was hier verlangt wurde, war im Internat noch gar nicht dran gewesen. Umgekehrt konnte ich mit vielem, was ich im Internat schon gelernt hatte, in Starnberg nicht punkten. Die Folge war, dass ich total aus dem Tritt geriet, viele Dinge einfach nicht verstand, immer wieder nacharbeiten musste und am Ende des Jahres prompt sitzen blieb. Das deprimierte mich auch deshalb, weil ich mich schon wieder in einer neuen Klasse einrichten musste.

»Einmal schlechter Schüler – immer schlechter Schüler«, sagen Lehrer gerne, ein blödes Pauschalurteil. Aber in meinem Fall stimmte es. In den Jahren am Starnberger Gymnasium, die noch folgen sollten, habe ich mich von diesem Tiefschlag gleich zu Anfang nie richtig erholt. Ich blieb im Mittelmaß stecken. Nur in Deutsch konnte ich punkten. Meine Deutschlehrerin Fräulein Brandt war immer total begeistert von meinen Aufsätzen. Noch Jahre später wusste sie den Inhalt. Ihr Elefantengedächtnis beeindruckte mich sehr, und ihre Begeisterung gab mir etwas vom angeknacksten Selbstvertrauen zurück.

Die Lehrkräfte am Gymnasium waren mehr oder weniger liberal, niemand war übermäßig autoritär, obwohl der »Muff von 1000 Jahren« damals ja noch in zahlreichen Klamotten von Autoritätspersonen hing. Bis zur 68er-Bewegung, die später auch auf die Schulen übergriff, sollte es schließlich noch ein paar Jahre dauern.

Und auf eine andere »Befreiung« sollte die Gesellschaft noch länger warten. Fräulein Brandt lebte, wie man sich erzählte und was wir gar nicht richtig mitbekamen, mit einer anderen Frau zusammen. Was heute zum Glück kaum noch erwähnenswert wäre, war damals keine Selbstverständlichkeit. Ganz im Gegenteil. Manchmal kamen die beiden auf dem Motorrad vorgefahren. Ich sehe sie noch vor mir, Fräulein Brandt ganz klein und schmal, ihre Partnerin eher stämmig, richtig »guad beinand«, wie man auf bayerisch sagen würde, und Mathelehrerin am Starnberger Gymnasium.

Wenn ich heute an die Jahre dort zurückdenke, erinnere ich mich aber in erster Linie an die Leute aus meiner Klasse. Eine unglaublich bunte Mischung an jungen Menschen, mit denen mich auch später vieles verbinden sollte. Isabel Schickinger, heute meine Kollegin in der Literaturagentur, lacht sich immer kaputt, wenn wir über Leute aus der Buch- oder Medienbranche sprechen und ich dann auf einmal sage: »Der ging in meine Klasse« oder »Der habe ich auf einem Klassenfest mal den Freund ausgespannt«.

Ich hasse eigentlich Name-Dropping, weil es meistens dazu dient, den Glanz bekannter Menschen auf sich selbst zu projizieren. Aber hier muss es einfach mal sein, um einen Einblick in das Innenleben des Gymnasiums Starnberg in den frühen 1960er-Jahren zu vermitteln. Alle Genannten gingen entweder in meine Klasse oder in die Parallelklasse. Auf einige traf ich, nachdem ich sitzengeblieben war. Und alle haben mich privat oder auch beruflich später ein Stück des Weges begleitet.

Da waren zum Beispiel die Aschoff-Kinder, allen voran Annette, mit der ich mich auf Anhieb verstand und anfreundete, sowie ihre Geschwister Christoph, Sabine, Ulrike und Andreas, den ich noch von Schondorf kannte. Ihr Vater, Professor Aschoff, war Direktor am nahegelegenen Max-Planck-Institut für Verhaltensforschung in Andechs. Dort forschten und lehrten Koryphäen wie Irenäus Eibl-Eibesfeld oder Konrad Lorenz, die ich dann auch kennenlernen durfte.

Patricia Riekel ist bis heute eine meiner liebsten Freundinnen. Journalistin wollte sie werden, das stand von Anfang an fest. Nach der Schule volontierte sie beim *Münchner Merkur*, arbeitete bei Langen-Müller und im Gong Verlag, bevor sie als Chefredakteurin fast zwanzig Jahre das People-Magazin *Bunte* leitete.

Und dann gab es da noch einen Knaben namens Patrick Süskind, dessen Vater leitender Redakteur im Politikressort der *Süddeutschen Zeitung* war. Patrick hatte Großes vor, er sah sich als Schriftsteller, was ihm bekanntlich auch gelungen ist. Unsere Freundschaft bekam später Risse, aber das ist eine andere Geschichte. Die ist jetzt noch nicht dran …

Ein gewisser Christian Schmidt wurde mein Freund. Er war der Sohn des berühmten Comic-Zeichners Manfred Schmidt, der in den 1950er-Jahren für die Zeit-

schrift *Quick* den Meisterdetektiv Nick Knatterton er-
schaffen hatte. Auch einen wirklich sehr engen Freund
über die Jahre, Mandi Hausenberger, muss ich hier nennen. Mit ihm, dem unvergessenen Bohemien, Schriftsteller, Drehbuchautor und Filmemacher habe ich später in Schwabing alles Mögliche angestellt.

Ich feierte ein Wiedersehen mit meinen Freundinnen aus der Volksschule, Annette Purrmann und Sabine König, und freundete mich mit zwei älteren Jungs
an: mit Michael Buttersack, Sohn des Münchner-Mer-
kur-Verlegers, und mit Christoph Schwingenstein, dessen Vater Miteigentümer der *Süddeutschen Zeitung* war.
Christoph war es auch, der am Ende meiner Schulzeit
eine entscheidende Weiche für meine Zukunft gestellt
hat.

Etwas ausführlicher vorstellen will ich Bernd Zimmer, der uns schon im Kunst- und Zeichenunterricht
zum Staunen brachte und später ein berühmter Maler
wurde, ein Vertreter der »Neuen Wilden« und Mitbe-
gründer der Berliner »Heftigen Malerei«. Nach seiner
Zeit am Starnberger Gymnasium war er zunächst Ver-
lagslehrling im Hanser Verlag, ging dann nach Berlin,
wo ihm der Schmidt-Rottluff-Preis verliehen wurde und
er ein Atelier in Kreuzberg eröffnete. Nebenher arbeitete er als Hilfskoch in der Paris-Bar. Bernd und seine
Frau Nina leben heute in Polling bei Weilheim und
haben unlängst mit Hilfe von Annettes Schwester Nini
Purrmann und vielen anderen ein großartiges Projekt

auf die Beine gestellt: eine nach griechischem Vorbild angelegte Säulenhalle, STOA169. Bildhauer und Maler aus allen Kontinenten wurden aufgerufen, jeweils eine der bis dato 121 Säulen zu gestalten, zu bemalen oder zu betexten. Bernd ist jetzt 74, sein Temperament ungebrochen, genau wie meine Bewunderung für ihn.

Nicht zu vergessen Burschi Langenstein, mein Banknachbar, mit dem ich über viele, viele Ecken (genauer: über meinen Großvater, Tatas Stiefvater) sogar verwandt bin. Die ersten großen Partys, die wir mit seinen Geschwistern auf dem riesigen Parkgrundstück im Spatzenhof in Pöcking gefeiert haben, waren zu Recht legendär. Burschi lebt heute mit seiner Frau Gisela Stelly in Hamburg.

*

Nach zwei, drei Jahren im Gymnasium fingen die Hormone gewaltig an zu brodeln. Wir feierten noch vergleichsweise harmlose Partys, hörten die Beatles, die gerade aufkamen, schmachteten uns in der Klasse oder auf dem Schulhof an und übten heimlich Knutschen. Ich verliebte mich unsterblich in einen Mitschüler namens Nico – leider ohne dass er es merkte. Als ich von meinen Eltern einen Hund bekam, einen Spaniel, nannte ich ihn Nico. So konnte ich wenigstens einem Nico meine Liebe zeigen. Ich verlobte mich heimlich mit einem gutaussehenden Mitschüler mit dem Spitznamen Püni, für den viele Mädchen schwärmten. Er war supersportlich, Kreismeister im Tennis. Dass er so begehrt war, machte ihn attraktiv. Er war aber nicht wirklich spannend, weshalb unsere Verlobung auch nur eine Sache von wenigen Wochen war.

Hinter mir waren die Jungs her, weil ich so einen üppigen Busen hatte. Im Verhältnis zu meiner sonst schlanken Figur war er zu groß, und es gab Situationen, etwa im Turnunterricht, wo ich mich ob meiner großen Oberweite richtig genierte. Ich litt manchmal richtig darunter, lief ganz krumm und beugte mich vor, damit es nicht so auffiel. Es ging mir noch jahrelang gewaltig auf die Nerven, wenn ich im Restaurant oder im Büro Männern gegenübersaß, die mir nicht in die Augen blickten, sondern auf meinen Busen starrten. Man verhandelt oder diskutiert ernsthaft, und wo glotzen die Kerle hin? Wirklich nicht witzig.

Während die meisten von uns sich noch wildromantischen Träumereien hingaben, gab es an unserer Schule eine Affäre, die uns alle elektrisierte. Wir knickten ein vor Bewunderung, erstarben vor Ehrfurcht. Ein Schüler aus meiner Parallelklasse und gerade 16 Jahre alt, hatte ein älteres Mädchen geschwängert. Der Direktor, die Lehrer, beide Elternpaare – alle in heller Aufregung. Schulverweise wurden diskutiert. Doch die beiden, ungerührt von der ganzen Aufregung, fuhren heimlich nach Schottland, in ein Dorf, das damals Weltruhm genoss: Gretna Green. Heute kennt das außerhalb Großbritanniens kaum noch jemand. In Gretna Green konnten sich Minderjährige auf dem Standesamt trauen lassen. Völlig unkompliziert, und das seit über 200 Jahren, weil die Briten und die Schotten sich mal wieder nicht einig waren. 1753 hatte das britische Parlament den Lord Hardwicke's Marriage Act verabschiedet, der für eine Heirat zwischen Minderjährigen die Einwilligung der Eltern vorsah. Dieses Gesetz galt nur für England, nicht aber in Schottland. Unzählige heiratswillige junge Paare flohen aus England über die schottische Grenze, und das erste Dorf dahinter war Gretna Green. Dort waren für die Eheschließung lediglich zwei Zeugen nötig und ein paar Pfund im Geldbeutel.

Das hatte sich in aller Welt herumgesprochen, bis nach Starnberg. Dass die beiden in Gretna Green geheiratet hatten, war das Allergrößte für uns. Und auch die Gemüter der Erwachsenen beruhigten sich wieder. Erst als das Kind schließlich kam, gingen die zwei von der Schule ab.

Wenig später war auch meine Schulzeit zu Ende. Vorzeitig. Aber die Mittlere Reife hatte ich immerhin in der Tasche. Ich wollte raus in die Welt, und dass ich den Sprung wagte, lag an meinem Freund Christoph Schwingenstein. Er hatte mir von einer Nenntante namens Ingeborg Plössner erzählt, die in der Münchner Theatiner-Passage eine Buchhandlung betrieb.

Bei einem Ausflug nach München mit meiner Mutter durfte ich für ein Stündchen allein durch die Stadt laufen und schaute spontan im Laden vorbei. Ob ich bei ihr eine Lehre machen könne? Ja gern, sagte Frau Plössner, wann kannst du denn anfangen?

TEIL II

MÜNCHNER FREIHEIT

»Buchhändlerin?
Ein schöner Beruf, machen Sie was draus,
mein Fräulein!«

KAPITEL 7

Lehrjahre bei Tante Ingeborg

Ich konnte, und ich wollte – und am liebsten sofort!
Als ich den Eltern von meinen Plänen berichtete,
nahmen sie das ganz gelassen. Ich bekam kein gepoltertes »Das kommt gar nicht in Frage« oder gar ein »Solange du deine Füße unter unseren Tisch stellst« um
die Ohren, nein, sie hörten mir aufmerksam zu. So wie
schon vier Jahre zuvor, als das Projekt Internat gescheitert war, klammerten sie sich auch dieses Mal nicht an
ihre Wunschvorstellung, dass ihre erstgeborene Tochter
das Starnberger Gymnasium mit dem Abitur in der Tasche verlässt.

Im Rückblick bin ich sicher nicht mit allen erzieherischen Maßnahmen meiner Eltern einverstanden, aber
sie haben mich zu selbständigem Denken erzogen und
zum mutigen Treffen von Entscheidungen. »Es gibt
keine schlechten Entscheidungen, schlecht sind nur solche, die du nicht triffst, Fuschi«, sagten sie oft. Und deshalb haben sie meine Entscheidungen auch akzeptiert,

selbst wenn sie vielleicht eine andere getroffen hätten. Das ist es, wofür ich ihnen bis heute dankbar bin.

Die Schule war Geschichte, nun diskutierten wir also über meine bevorstehende Ausbildung. Über eine Lehre im Gaststättengewerbe oder zur Stenotypistin wären sie wahrscheinlich weniger begeistert gewesen. Aber eine Buchhändlerlehre, das war in ihren Augen etwas Besonderes, das hatte mit Wissen, Bildung und Kultur zu tun.

In unserer Familie waren Bücher ständige Begleiter. Wir lasen alle gern und viel, wünschten und schenkten uns Bücher zu Weihnachten und zu den Geburtstagen. Meine Mutter konnte stundenlang in der Starnberger »Bücherjolle« herumstöbern und schleppte stapelweise Lesestoff in die Ottostraße. Und sie war Mitglied im »Bertelsmann Lesering«, 1950 von Reinhardt Mohn gegründet und später, als es die ersten Filialen gab, in »Club Bertelsmann« umbenannt.

Diese Buchclubs – Georg von Holtzbrinck steuerte später noch den »Deutschen Bücherbund« bei (hervorgegangen aus der »Stuttgarter Hausbücherei«) – waren ungeheuer erfolgreiche Versandsparten, sozusagen »das Amazon der 1950er- und 1960er-Jahre«, wie ich kürzlich in einem Branchenartikel las. Das Fernsehen steckte noch in den Kinderschuhen, gute Geschichten fanden im Kino oder eben zwischen zwei Buchdeckeln statt. Die Leute hungerten nach guten Lesestoffen, aber nicht alle mochten eine Buchhandlung betreten, falls es überhaupt eine in der Nähe gab. In diese Lücke stießen die Buchclubs. Die angebotenen Bücher kamen entweder aus der eigenen Verlagsproduktion oder waren Lizenzausgaben anderer Verlage, die auch als solche gekennzeichnet werden mussten und einen anderen Umschlag oder Einband hatten als die Originalausgaben. Und weil sie zeitversetzt auf den Markt kamen, waren sie auch etwas günstiger zu haben. Als Club-Mitglied musste man eine bestimmte Anzahl abnehmen, und wenn man mal keine Lust oder vergessen hatte, sich für ein neues Buch zu entscheiden, wurde der sogenannte Haupt-Vorschlagsband per Post geliefert. Gute Kunden wurden mit Treueprämien belohnt.

Die Mama bestellte und las mit Vorliebe Romane und Biografien. Besonders schätzte sie die Werke der weltberühmten amerikanischen Autorin und Literatur-Nobelpreisträgerin Pearl S. Buck (»Und fänden die Liebe nicht«). Mein Vater war kein ganz so leidenschaftlicher Literaturfreund – Sport interessierte ihn mehr –, aber er las gerne Krimis. Und ich weiß noch, dass er die leicht frivolen »Maghrebinischen Geschichten« Gregor von Rezzoris köstlich fand.

Wenn ich heute erzähle, dass ich Mitte der 1960er-Jahre mit einer Buchhändlerlehre in mein literarisches Leben gestartet bin, ernte ich verständnisvolles Kopfnicken, so nach dem Motto: »Ist doch klar bei dem, was später aus Ihnen geworden ist.« Aber, um ehrlich zu sein, den Wunsch, nach der Lehre irgendwann eine eigene Buchhandlung zu führen, verspürte ich noch lange nicht. Und was die Tätigkeit einer Literaturagentin betrifft, wusste damals wirklich kaum jemand in Deutschland, was das ist. Agentinnen gab es in James-Bond-Filmen, verkörpert zum Beispiel von Lotte Lenya in »Liebesgrüße aus Moskau«. Agentinnen, die sich um Autoren und ihre Werke kümmerten, die Bücher an Verlage vermittelten, waren hierzulande nur für ausländische Lizenzausgaben üblich.

Merkwürdigerweise sind die Erinnerungen an meine Leseerlebnisse in der Kindheit und Jugend etwas verschwommen. Vielleicht liegt das daran, dass ich später rein beruflich so viele Bücher und Manuskripte lesen musste. Wie viele mögen es gewesen sein, zehntausend, hunderttausend? So eine besessene Leserin wie später meine Schwester Elisabeth, war ich als Jugendliche jedenfalls nicht. Sie machte sich mit 16 an die Lektüre von Marcel Prousts Opus Magnum »Auf der Suche nach der verlorenen Zeit«; in einem Jahr war sie damit durch.

Als ich mich für die Buchhändlerlehre entschied, hatte ich mich – wenn auch oberflächlich – mit dem französischen Philosophen und Paläontologen Teilhard de Chardin beschäftigt. Mit ihm und seinem Oeuvre wollte ich mich besser vertraut machen, wenn ich mich in der Buchhandlung eingelebt hätte. Das schien mir das Reizvolle an der Buchbranche: dass es so gut wie zu jedem Thema das passende Buch gibt. Richtig verfallen war ich der Schriftstellerin und Lyrikerin Ingeborg Bachmann. Über sie und ihre unglückliche Liebe zu Paul Celan habe ich dann am Ende der Lehrzeit auch meine Abschlussarbeit in der Berufsschule geschrieben. Der Lyriker stammte übrigens aus der nordrumänischen Bukowina, die an Siebenbürgen angrenzt.

Aber in die Welt der Bücher einzutauchen war nicht der einzige und auch nicht der wichtigste Grund für meinen Ausbruch aus der Starnberger Welt. Schon während meiner Zeit auf dem Gymnasium, wo ich wunderbare Freundschaften geschlossen hatte, wo wir ausgelassene Partys gefeiert hatten und man sich über Langeweile eigentlich nicht beklagen konnte, hatte ich eine große Ungeduld in mir verspürt. Es war mir alles zu langsam vorangegangen, dieses schneckenmäßige Fortbewegen von Klasse zu Klasse, der leidlich spannende Unterricht, dazu die immer gleichen Abläufe und Rituale. Ich wollte raus, ich war lebenshungrig und neugierig auf die Welt.

Die Welt, das hieß für mich damals nicht ferne Länder. Die würden hoffentlich noch früh genug drankommen. Die Welt, die ich erkunden und erobern wollte, lag gar nicht so weit weg: München.

Schon als Kind hatte mich München fasziniert, aber trotz der geringen Entfernung hatte ich kaum Gelegenheit gehabt, die Stadt näher kennenzulernen. Es waren immer nur kurze Ausflüge gewesen, Waren ausfahren mit dem Tata, mit der Mama über die Maximilianstraße schlendern und die Auslagen der Modegeschäfte bewundern, mit der Schulklasse die Residenz besichtigen. Danach war es wieder heim in unser Idyll am See gegangen.

Mitte der 1960er-Jahre war München die angesagteste, aufregendste und freizügigste Stadt Deutschlands. In Hamburg, West-Berlin oder Köln blickte man neidvoll auf die Münchner. Sie waren fröhlich, feierten und flirteten gern, in den Diskotheken wurden die Nächte durchgetanzt, die freie Liebe und das freie Wort standen hoch im Kurs. In den Biergärten saßen wildfremde Menschen, arm und reich, jung und alt, Unternehmer und Studenten einträchtig nebeneinander. München war locker und leger, lustig und leicht, liebenswert und lasterhaft.

Ich hatte noch keinen Vergleichsmaßstab, was andere Städte betrifft. Aber ein paar Jahre später sollte ich Hamburg näher kennenlernen; dort ging es zwar auch ganz munter zu, aber – von St. Pauli mal abgesehen – bei weitem nicht so frivol, prickelnd und unkompliziert wie in München. In Hamburg feierten sie den Fasching erst, wenn er eigentlich schon vorbei war. Das habe ich nie verstanden.

Die Stadt an der Elbe ist bis heute Heimat des Magazins *Der Spiegel*. Im politischen Teil des Blattes hatte man lange Zeit keine Gelegenheit ausgelassen, bayerische Dumpfheit und Rückständigkeit zu geißeln. Aber dann kam *Der Spiegel* im September 1964 mit einer Titelgeschichte auf den Markt, die es in sich hatte:

»München, Deutschlands heimliche Hauptstadt.« Das schlug ein und machte nicht nur den regierenden Oberbürgermeister Hans-Jochen Vogel glücklich. Ausgerechnet »die Preußen« hatten der Stadt ein ewig gültiges Gütesiegel in Sachen Lebensqualität verliehen, von dem sie bis heute zehrt. Auch wenn der Autor der Story ein Bayer war.

Hier also, in Deutschlands heimlicher Hauptstadt, der ich bis auf mein Hamburger Intermezzo immer die Treue gehalten habe, sollte ein neuer, spannender Lebensabschnitt beginnen.

*

Frau Plössner empfing mich mit offenen Armen in ihrer kleinen Buchhandlung. Während mein Schulkamerad Christoph Schwingenstein immer nur von »Tante Ingeborg« sprach (dabei war sie gar nicht seine Tante, sondern die ehemalige Freundin seines Vaters), war meine Chefin, weil nicht verheiratet, für mich »Fräulein Plössner«. Das war damals selbstverständlich. Fräulein sagte man zu einer 17-Jährigen und, falls nicht verheiratet oder verwitwet, auch zu einer Neunzigjährigen. Und natürlich gab es bei der Post noch das »Fräulein vom Amt«.

Seit den 1970er-Jahren ist das Fräulein aus dem Sprachgebrauch verschwunden. Die Frauenbewegung hatte die Bezeichnung schon lange diskriminierend gefunden, und Hans-Dietrich Genscher, damals Bundesminister des Inneren, verkündete schließlich die Abschaffung als zeitgemäßes Zeichen für die Gleichstellung von Mann und Frau. Immerhin im Sprachgebrauch.

Tante Ingeborg schätzte meine Zuverlässigkeit und ließ mich von Anfang an alles Mögliche selbständig erledigen. Das ging so weit, dass sie kurz nach Beginn meiner Lehrzeit erst mal drei Wochen Urlaub in der Türkei machte. Dass ich in dieser Zeit allein im Geschäft sein würde, störte sie überhaupt nicht. »Du machst das schon«, sagte sie. Ich gab mein Bestes, auch wenn ich manchen Kunden in meinen ersten Wochen noch mit hochrotem Kopf erklärte, das Buch sei gerade nicht lieferbar – weil ich keine Ahnung hatte, wo zum Teufel ich es finden sollte.

Eine amüsante Erfahrung machte ich gleich in den Anfangstagen, als ich allein im Geschäft war: Ein bedeutender Autor hatte sich angekündigt, der erste Schriftsteller, dem ich leibhaftig begegnete. Ein Österreicher, dessen Werke im renommierten Hanser Verlag veröffentlicht wurden. Ich war vorbereitet auf das Gespräch mit ihm, hatte in seinem letzten Buch geblättert und mir auch sonst Gedanken gemacht, worüber man mit ihm reden könnte. Doch dieser Mann hatte nur einziges Thema: Wie mühsam es für ihn gewesen sei, einen Parkplatz zu finden! Er hörte gar nicht mehr auf, davon zu sprechen, was mich sehr irritierte. Ich hatte mir vorgestellt, dass jemand, der Bücher schreibt, ununterbrochen geistreiche Bemerkungen machen und über Literarisches sprechen würde. Über seine Begegnungen mit anderen klugen Autoren etwa oder über Neuigkeiten aus der Gruppe 47. Tja, Schriftsteller sind eben auch nur Menschen, und ich war um eine Illusion ärmer.

*

Im ersten Lehrjahr verdiente ich 60, im zweiten 90 und im dritten 120 Mark. Das war üblich, zumal die Preise natürlich ganz andere waren. Ins Kino konnte man für 50 Pfennige, die Kugel Eis beim Italiener gab's für 10 Pfennige, zwölf Zigaretten für eine Mark und für 1,20 bekam man ein Kilo Brot. Große Sprünge konnte ich mit meinem Lehrlingsgehalt dennoch nicht machen, also sah ich mich nach Nebenjobs um.

Fündig wurde ich bei Käfer, nach Dallmayr die zweitbeste Feinkostadresse in München. Im Geschäft an der Prinzregentenstraße kauften die besseren Herrschaften von Bogenhausen ein, aber auch aus anderen Stadtteilen kamen wohlhabende Kunden ins Käfer-Stammhaus. In den 1960-Jahren übernahmen die Söhne Gerd und Helmut Käfer das Ruder und gründeten, vom Erfolg beflügelt, schließlich den legendären Partyservice. Eine Erfindung, die genau zum richtigen Zeitpunkt kam. In München wurde immer mehr und immer ausgiebiger gefeiert, auch und vor allem in den großen Firmen. Wenn irgendwo eine Feier im großen Stil anberaumt war, sorgte Käfer nicht nur für exquisite Verköstigung, sondern brachte auch gleich noch ein großes Partyzelt und die Bedienungen mit. Die Gastgeber brauchten sich um nichts zu kümmern.

Im Partyservice gab es gute Jobs, anständig bezahlt und dazu noch Trinkgeld. Die meisten Feste, zu denen ich eingeteilt wurde, fanden in der Residenz statt. Aber auch Hannover stand einmal auf dem Plan, da reiste die ganze Crew dann mit dem Flieger an. Ein unglaubliches Erlebnis, nicht nur für mich als Starnberger Landei. Bei den Veranstaltungen reichte man dann Getränke und Speisen, hatte höflich zu sein und nett zu lächeln, gescheit zu antworten, wenn man gefragt wurde, und dass man sexy aussah wie alle in unserer Mädchentruppe, war durchaus erwünscht. Die Dienstkleidung war entweder schwarzer oder dunkelblauer Rock mit weißer Bluse oder Dirndl. Fürs Dirndl war ich einerseits nicht ganz der Typ, weil ich immer noch sehr dünn war. Aber dafür füllte ich den oberen Teil dieses urbayerischen Kleidungsstückes perfekt aus.

Allzulange hat meine Käfer-Ära aber nicht gedauert. Als man uns »Tablett-Bienen« vor einer Party in der Residenz die Anweisung gab, 3000 Stühle im Antiquarium aufzustellen, meldete sich mal wieder die Rebellin in mir. »Ich bin hier doch nicht der Stuhlschlepper«, sagte ich zu meinem Vorgesetzten. »Ich kündige.« Servus.

*

Meine drei Lehrjahre waren aus heutiger Perspektive sicher meine abenteuerlichste Zeit. So frei und ungezwungen habe ich mich in meinem Leben selten gefühlt. Die Welt stand einem offen, man musste nur zugreifen. Kein Tag war wie der andere, und über allem schwebte ein Gefühl von Aufbruch, von Umbruch.

In meinem ersten Jahr bekam ich davon allerdings noch nicht so viel mit, denn ich wohnte noch zu Hause in Starnberg. Darauf hatten meine Eltern bestanden. Was das Aufpassen betrifft, diese mir so verhasste kurze Leine, damit der Tochter ja nichts passiert, hatten Mama und Tata noch nicht ganz loslassen können. Aber ich war schließlich noch minderjährig. Morgens fuhr ich mit der Eisenbahn nach München und kam abends mit der Eisenbahn wieder zurück. Jeden Mittag, auch das war eine Idee meiner Eltern, sollte ich im nahegelegenen Bayerischen Hof schwimmen gehen. Eine Art Schwimmprotokoll wurde angelegt, in dem Anwesenheit und Dauer penibel eingetragen wurden. Über die Einhaltung wachte Falk Volkhardt, ein alter Freund meines Vaters.

Wann immer es ging, empfing mich der Eigentümer und Direktor des Hotels persönlich. Er hatte mich schon auf dem Arm gehalten, als ich noch in die Windeln machte, jetzt war die kleine Fuschi 17 und sah in ihrem Badeanzug aus wie Barbarella. Sehr zur Freude einer illustren Herrenrunde, die sich regelmäßig im hoteleigenen Schwimmbad traf. Mein Vater, immer und überall auf der Suche nach guten Kontakten, wäre sicher ganz angetan gewesen von diesen prominenten Schwimmern. An den Polizeipräsidenten Manfred Schreiber erinnere ich mich, an Sigi Sommer, den populären Kolumnisten der *Abendzeitung*, an den Juwelier Heinz Schmerber, der mich später mal mitnahm auf die Jagdhütte der Familie Sachs an der österreichischen Grenze, und den weltweit erfolgreichen Steinhändler Rudi Biehler. Ein Vorstand des Bankhauses Merck & Fink war ebenso Dauergast, wie ein dubioser Galerist, der im Hotel wohnte. Eine bunte Truppe, mit der ich mir da das Schwimmbecken während der Mittagspause teilte.

KAPITEL 8

Die Kommunisten kommen

Der erste Urlaub während meiner Lehre führte mich, wie so oft, mit meinen Eltern in die Schweiz. Sie hatten dort inzwischen eine Wohnung gekauft, die umgebaut werden sollte. Als ich meinen Tata fragte, wo wir denn in der Zwischenzeit wohnen sollten, meinte er ganz trocken: »Im Palace natürlich.«

Ich war begeistert. Skifahren war seit meinen frühen Kindertagen meine große Leidenschaft, auch wenn das Programm manchmal ein bisschen anstrengend war: morgens um sieben aufstehen, egal wie spät man am Vorabend ins Bett gekommen war, um acht an der Gondel stehen und rauf auf den Gipfel und dann die frisch präparierte Piste runter – herrlich. Bei einem Skiurlaub im Frühjahr bin ich einmal nur im rosaroten Bikini durch den Schnee gebraust, das Ergebnis einer verlorenen Wette am Vorabend. Ich war Tagesgespräch in St. Moritz, meine Eltern waren da aber zum Glück nicht mit dabei.

Wenn ich mittags, so gegen zwölf, zu meinem Vater sagte: »Tata, ich habe Hunger«, und eine Essenspause anregte, blockte er das barsch ab: »Nur Idioten essen mittags.« Da musste schon meine Mutter mit dabei sein, dass man wenigstens eine Suppe zwischendurch bekam. Und am Nachmittag, wenn einem so langsam die Kraft in den Beinen schwand, scheuchte er einen noch einmal hoch, mit den Worten: »Um diese Uhrzeit ist das beste Pistenlicht.«

Aber schön war's eben doch immer, auch das ganze Drumherum, die Rüblitorte im Café Hanselmann, dann schnell duschen, umziehen, etwas essen, und dann ab in die Disco des Palace Hotels, tanzen, flirten, Spaß haben. Beliebt war später auch der »Club 8847 – Mount Everest«. Wenn man innerhalb eines Tages – Frauen bekamen einen halben Tag mehr – elf Abfahrten vom Piz Lagalb (bei Frauen reichten sieben), eine vom Lift Minor und dann noch den Aufstieg über den Fußweg zum Piz Lagalb und zurück schaffte, mit Ski und Stöcken, bekam man die begehrte Mitgliedschaft im Club und eine Anstecknadel. Damit kam man dann in exklusive Clubs in Pontresina rein.

Als wir nun vor dem Palace vorfuhren, legte mein Vater mal wieder einen seiner berüchtigten bizarren Auftritte hin; ich wäre am liebsten im Erdboden versunken.

Peinlichkeit Nummer eins: Er hatte Matratzen für uns dabei. Unser Fahrer, Herr Listl, lud sie aus und schleppte sie ins Foyer. Man muss sich das mal vorstellen: eines der führenden Häuser der Schweiz, und die Gäste bringen eigene Matratzen mit.

Der Concièrge verzog keine Miene. »Selbstverständlich, Herr Kolf, wenn Sie meinen, dass Sie darauf besser schlafen als auf unseren Matratzen …«

Peinlichkeit Nummer zwei: Mein Vater stellte eine angebrochene Flasche Eiswein, seinen Lieblingswein, auf den Empfangstresen und sagte leutselig: »Hier, hab ich Ihnen mitgebracht, das ist etwas ganz Besonderes. Probieren Sie mal.« Die Flasche hatte er allerdings unterwegs schon aufgemacht, um einen kräftigen Schluck daraus zu nehmen.

Die Angestellten trugen auch das mit Fassung und kosteten höflich ein Gläschen. Ein Segen wenigstes, dass die Mama, die in Starnberg geblieben war, diesen Auftritt nicht miterleben musste.

Was mich immer wieder verblüffte, war, dass mein Vater selbst in solchen skurrilen Situationen nie unsympathisch auf andere wirkte. Er konnte noch so aufdringlich, sein Benehmen noch so sonderbar sein – die Leute mochten ihn einfach. Er hatte eine so besondere Ausstrahlung, dass er mit allem durchkam. Er behauptete zum Beispiel allen Ernstes, dass es eigentlich ihm zu verdanken sei, dass so viele Münchner und Starnberger hier ins Engadin zum Skifahren kämen. Weil er so kräftig die Werbetrommel rühre und in seinem Geschäft Werbeplakate aufgehängt hätte. Ich weiß nicht, wie er das geschafft hat, aber die Familie durfte fortan umsonst die Pisten hinuntersausen.

Ich habe es nur ein einziges Mal erlebt, dass mein Vater sprachlos und mit etwas überfordert war. Er, der mit seinem nie versiegenden Charme und seiner positiven Ausstrahlung jede noch so verzwickte Situation meistern konnte, wusste tatsächlich einmal nicht, wie er reagieren sollte. Dem Weltmann fehlten die Worte.

Die Geschichte begann in Siebenbürgen, es war unsere zweite oder dritte Reise dorthin, und zum ersten Mal waren auch meine beiden Schwestern mit dabei.

Mein Vater hatte von einer Tante eine große Geldsumme geschenkt bekommen, etwa 100 000 Lei. Da es im sozialistischen Rumänien wenig zu kaufen gab, was man gern mit nach Starnberg genommen hätte, beschloss mein Vater, ein Fest zu geben. Schauplatz: ein großes Ausflugsrestaurant in der Pojane, dem beliebten Ausflugsgebiet oberhalb von Kronstadt.

Mein Vater war in seinem Element und lud nicht nur Verwandte, die dort noch lebten, sondern jeden, der auf der Straße nicht schnell genug in Deckung ging, zu diesem großen Fest ein. Das Personal servierte in der Drakertracht, mein Vater hatte drei Zigeunerkapellen engagiert, und bald schon herrschte eine Bombenstimmung. Es wurde gefeiert und gezecht bis zum Umfallen.

Der Zufall wollte, dass an einem langen Tisch in einem Nebenraum eine große kommunistische Delegation Platz genommen hatte, angereist aus Bukarest. Die

Leute hatten einen Ausflug in die Karpaten gemacht, jetzt tafelten sie und hatten keine Chance, sich unserem lärmenden Trubel auf Dauer zu entziehen.

In ihrer Mitte hatte die Delegation einen sehr gut aussehenden Mann, erkennbar kein Rumäne. Wir kamen ins Gespräch, und es stellte sich heraus, dass er ein Rechtsanwalt aus São Paulo und ein hohes Tier der Kommunistischen Partei Brasiliens war. Er war quasi auf Staatsbesuch und Ehrengast der rumänischen Genossen. Nicht nur ich, auch meine Eltern fanden ihn sehr sympathisch. Sie unterhielten sich angeregt mit ihm, zum Missfallen der kommunistischen Kader. Was redet der denn so lange mit diesen Kapitalisten?

Am Ende des Austauschs sprach mein Vater – spontan, wie es seine Art war – eine freundliche Einladung aus: »Falls Sie mal in Deutschland sind, besuchen Sie uns doch in Starnberg!« Das war zwar eher eine Höflichkeitsfloskel als hundertprozentig ernst gemeint, schien den Mann aus Brasilien aber zu erfreuen. Er notierte sich unsere Adresse.

Wir waren vielleicht zwei Tage wieder zu Hause, als eine riesige Limousine in der Ottostraße 2 vorfuhr. Der Fahrer öffnete die Tür im Fond, und dem Wagen entstieg, freudestrahlend, der brasilianische Kommunistenführer.

Aber anstatt den guten Mann hereinzubitten und gastfreundlich zu bewirten, standen meine lieben Eltern in der Haustür, traten von einem Bein auf das andere und wussten nicht, was sie tun sollten. Dieser schmucke Brasilianer mit seinen erstklassigen Manieren war ihnen nicht geheuer, zumal hinter ihm zwei etwas bedrohlich wirkende Männer standen. Die Kommunisten waren da! Und das hatte noch nie etwas Gutes bedeutet.

Meine Mutter wirkte panisch, und mein Vater brachte kein Wort heraus. Nach einer gefühlten Ewigkeit entschuldigte er sich, verschwand im Haus und rief in seiner Not seinen Freund Falk Volkhardt an. Ob er im Bayerischen Hof nicht eine Suite für den Herrn aus São Paulo und dessen Entourage hätte?

Wenigstens das hatte dann doch einen Hauch von Größe.

KAPITEL 9

Eine eigene Bude

Am Ende des ersten Lehrjahres erlaubten mir meine Eltern endlich, nach München zu ziehen. Eine eigene Bude in der Stadt! Ich horchte herum, durchforstete die Wohnungsanzeigen in der *Süddeutschen* und entdeckte schließlich eine geeignete Unterkunft ausgerechnet in der Möhlstraße in Bogenhausen. Beste Lage und auch noch mit einem gewissen Symbolwert behaftet: Hier hatte mein Vater einst auf dem legendären Schwarzmarkt den Grundstock für sein Vermögen gelegt.

Aber anstatt sich darüber zu freuen, schimpfte er: »Möhlstraße, du spinnst wohl. Das kommt nicht in Frage, das ist keine Gegend für dich. Wer sich für Bücher interessiert oder mit Büchern arbeitet, wohnt in der Goethestraße oder in der Schillerstraße!«

Ach Tata. Meinen Hinweis, dass diese beiden Straßen trotz ihrer prominenten Namensgeber in einem schäbigen Viertel gleich hinterm Hauptbahnhof lägen, ließ er nicht gelten. Ein Zimmer in der Schillerstraße wurde angemietet, bei einer jungen Frau, die unten im Haus einen Kiosk betrieb. Jeden Morgen briet sie Zwiebeln fürs Mittagsgulasch an, was ganz fürchterlich stank. Nach ein paar Wochen ertrug ich es nicht mehr und beklagte mich bei meiner Mutter: »Mama, ich muss hier raus! Der Geruch in aller Früh bringt mich zum Speien.«

Nach einigen Diskussionen durfte ich noch einmal umziehen: in ein kleines möbliertes Zimmer in der Martiusstraße, gleich um die Ecke von der Leopoldstraße, der Schlagader Schwabings. Da fuhr damals noch die Straßenbahn die Ludwigstraße hinunter, vorbei an der Uni, direkt bis zur Residenz. In einer Viertelstunde war ich in Tante Ingeborgs Buchhandlung. Im Frühling und im Sommer stand ich in meinem Minirock hinten auf der Plattform der Tram, genoss die frische Morgenbrise, dachte kurz an den letzten Abend und war gespannt, was der neue Tag wohl so zu bieten hatte.

Es gab Tage, da hing mir die vergangene Nacht noch ziemlich in den Knochen. Ich genoss meine eigene Bude und die Tatsache, dass ich endlich den Argusaugen meiner Eltern entronnen war. Manchmal kam ich gerade so auf den letzten Drücker heim und eilte nach einer kurzen Dusche sofort ins Geschäft. Dann ging ich erst mal ins Untergeschoss, wo ich einen Stapel Bildbände so aufgeschichtet hatte, dass man darauf liegen und eine Mütze Schlaf nehmen konnte. Als Fräulein Plössner einmal überraschend herunterkam – ich war Gott sei Dank gerade in aufrechter Haltung –, rief sie erstaunt aus: »Was ist denn das hier für eine neue Ordnung mit den Bildbänden?«

*

Ich war 18, als ich zum ersten Mal mit einem Jungen geschlafen habe. Ein Kölner, der in München im zweiten Semester Medizin studierte. Ich hatte ihn im Strandbad »Undosa« in Starnberg kennengelernt, und wir hatten uns zum Tee in seiner möblierten Studentenbude in der Mauerkircherstraße verabredet.

Solange ich noch zu Hause wohnte, hatte sich keiner wirklich ganz nah an mich herangetraut. Die hatten alle Angst vor meinem Vater. Selbst wenn der überhaupt jemanden als Freund seiner Tochter akzeptiert hätte, wäre es indiskutabel gewesen, ihn bei uns übernachten zu lassen. Da war der berüchtigte Kuppelei-Paragraf vor. Wer unverheiratete Paare unter seinem Dach duldete – und ihnen so die Möglichkeit zur »Unzucht« gab – machte sich der schweren Kuppelei verdächtig. Darauf stand Gefängnis. Erst in den 1970er-Jahren wurde dieses liebesfeindliche gesetzliche Instrument abgeschafft.

Der junge Mann aus dem Schwimmbad sollte es also sein. Allein schon deshalb, weil er angehender Mediziner war. Ich sah in ihm eine Art Fachmann, der schon wissen würde, wie es geht, und war wild entschlossen: Heute, bei Tee und Gebäck, muss es geschehen.

Als ich ihn in seiner Wohnung besuchte, saßen wir erst ein paar Minuten auf dem Sofa und redeten über dieses und jenes. Dann ging er in die Küche, um den Tee aufzugießen, und in dieser Zeit zog ich mich aus, legte meinen Rock, meine Bluse und meine Wäsche fein säuberlich auf den Stuhl und mich aufs Sofa. Er kam mit dem Tablett zurück – und ließ es vor Schreck fallen. Mit allem hatte er wohl gerechnet, aber damit nicht. Und dann war sie endlich weg, meine Unschuld.

Als ich ging, dachte ich: Und darüber reden meine Freundinnen und ich seit Jahren? War das alles?

Zumindest mit meinem Mediziner war das alles. Er hat nicht wirklich verstanden, warum ich ihn danach nicht mehr wiedersehen wollte.

*

Auf dem Rückweg von der Buchhandlung nach Schwabing machte ich manchmal einen kleinen Abstecher in die Gaststätte Leopold, im Volksmund »Galepo« genannt, gleich bei mir ums Eck. Dort saß, an einem Tisch etwas abseits vom allgemeinen Trubel, oft der berühmte Erich Kästner. Er wohnte nicht weit weg von hier, in der Fuchsstraße gleich an der Münchner Freiheit. Seine Kinderbücher wie »Das fliegende Klassenzimmer« oder »Pünktchen und Anton« hatte ich früher verschlungen, sie waren auch bei uns im Geschäft sehr begehrt, genau wie seine späteren Werke »Fabian« und »Kästner für Erwachsene«. Ich bewunderte und verehrte Erich Kästner. Und nun saß er hier im Gasthaus, immer tadellos gekleidet, Anzug, Einstecktuch, mit seiner Sekretärin. Sie erledigten ihre Post, er diktierte ihr Briefe, sie stenografierte mit, sie gingen die Liste der Anrufer des Tages durch, besprachen, was zu erledigen war. Manchmal tranken sie dabei ein Glas Wein oder ein Bier.

Eines Tages nahm ich meinen ganzen Mut zusammen, ging zu seinem Tisch, stellte mich vor und sagte mit klopfendem Herzen so etwas wie: »Grüß Gott, Herr Kästner, ich bin ein großer Fan von Ihnen, ich mache eine Ausbildung in der Buchhandlung Ingeborg Plössner in der Theatiner-Passage, wir führen alle Bücher von Ihnen, und unsere Kunden lieben Sie.« Vor lauter Aufregung rasselte ich mein Sprüchlein im Eiltempo herunter.

Der berühmte Schriftsteller sah mich forschend an, lächelte freundlich, bedankte sich für die netten Worte, wollte meinen Namen wissen, hielt kurz meine Hand und wünschte mir viel Erfolg mit der Buchhändlerlehre. »Ein schöner Beruf«, sagte er, »machen Sie was draus, mein Fräulein!«

Das würde ich. Aber jetzt sorgte ich erst mal unermüdlich dafür, dass in unserer Schaufensterauslage die Bücher Erich Kästners immer gut sichtbar platziert waren.

KAPITEL 10

Summer of Love

Wenn ich heute im Fernsehen die alten Schwarzweißaufnahmen von den Studentenunruhen der 1960er-Jahre sehe, dann kommt mir das manchmal beinahe unwirklich vor. Als sei das Lichtjahre her, auch wenn viele der damaligen Themen bis heute aktuell sind. Was mich immer wieder erstaunt, sind die Wut auf Seiten der Demonstranten und der Hass, mit dem die Polizei auf sie einknüppelte. Vor allem in Berlin und in Frankfurt.

In München wurde natürlich auch demonstriert, aber hier liefen die Demos etwas anders ab, sie wirkten nicht so politisch aufgeladen. Aber vielleicht lag das auch eher an mir und meinem Umfeld. Wir zogen mit anderen durch die Innenstadt und über die Leopoldstraße und skandierten »Ho-Ho-Ho-Chi-Minh!« Ich kann allerdings nicht behaupten, dass in mir ein wirklich revolutionäres Feuer loderte, und auch nicht, dass ich mich damals besonders intensiv mit den Dingen beschäftigt hätte, gegen die hier sturmgelaufen wurde. Ich würde mich auch nicht als »68erin« bezeichnen, dafür habe ich mich zu wenig mit den Inhalten befasst. Ich wusste nicht mal richtig, wer genau das war und welches Amt er innehatte, dieser nordvietnamesische Kämpfer mit dem geflochtenen Ziegenbart, dieser Ho Chi Minh. Er gefiel mir auch nicht annähernd so gut wie die kubanischen Genossen Ché Guevara oder Fidel Castro. Aber in einer riesigen Menschenmenge vorwärtszustürmen, alle untergehakt, im Gleichschritt und dabei »Ho-Ho-Ho-Chi-Minh!« zu brüllen, immer wieder, stundenlang, im scharfen Stakkato, das war ein ganz spezielles Erlebnis.

Nicht alle, die damals in München auf die Straße gingen, hatten mit Politik etwas am Hut, mit Kritik an den Zuständen. Viele konnten sich der Sogwirkung der Demos nicht entziehen, sie wollten dabei sein, ein großer Spaß. Es war wie früher auf dem Schulhof: Die Jungs gaben gern ein bisschen an. So brüsteten sich meine Freunde Mandi Hausenberger und Christian Schmidt tagelang mit einer angeblichen Ruhmestat. Gemeinsam mit einem Dritten, der sich ihnen angeschlossen hatte, hätten sie in der Schellingstraße im Korrespondentenbüro der *Bild*-Zeitung Feuer gelegt und so die Auslieferung des verhassten reaktionären Blattes aus dem ebenso verhassten Springer-Verlag wenn nicht verhindert, so doch um Stunden verzögert. Eine wahrhaft revolutionäre Heldentat sei das gewesen, meinten sie.

Aber man musste gar nicht über den Spürsinn von Nick Knatterton verfügen, dem Meisterdetektiv aus der Zeichenfeder von Christians Vater Manfred, um diese abenteuerliche Story als plumpe Aufschneiderei zu enttarnen. Meine revolutionären Helden waren zwar tatsächlich durch die Büroräume der *Bild*-Zeitung marschiert, hatten, wie es sich in der Szene gehörte, »Enteignet Springer« gegrölt und eine noch glimmende Zigarette in einen Papierkorb geworfen. Die Kippe schwelte, qualmte und züngelte ein bisschen, aber die *Bild*-Leute schrieben weiter an ihren Texten und sahen kaum von ihren Schreibmaschinen auf. Einer goss dann irgendwann ein Glas Wasser auf die glimmende Kippe, und damit war die Sache erledigt. Christian, Mandi und der Dritte im Bunde entfernten sich vom Schauplatz und bastelten fortan an ihrer Legende.

Dass es auf den Münchner Großkundgebungen vergleichsweise friedlich zuging, unaufgeregter als in anderen deutschen Großstädten, lag auch an der weniger aggressiven Polizeitaktik in Bayern. Man hätte das Gegenteil erwarten können. Der Polizeipräsident ließ seine Leute nicht so brutal draufhauen, wie das etwa in Berlin praktiziert wurde. Schreiber war auch einer der ersten hohen Polizeibeamten in Deutschland, der einen Polizeipsychologen einstellte, einen Mann namens Umbach, dessen Empfehlungen zu Gewaltverzicht und Deeskalation in den Einsatzzentralen nicht nur gehört, sondern beherzigt wurden.

*

Im Frühsommer 1967 waren der Schah von Persien und seine Frau Farah Diba auf Staatsbesuch in Deutschland. Neun Städte standen auf dem Programm, in München waren Besuche in der Residenz und in der 1963 wiederaufgebauten Oper vorgesehen. Beide in unmittelbarer Nachbarschaft der Buchhandlung. Die Stimmung bei der Großdemonstration, in die ich mich auch einreihte, drohte mehrfach in Gewalt umzukippen. Der persische Despot war nicht nur für Linke eine Hassfigur. Bis auf ein paar unverbesserliche Yellow-Press-Leser gab es kaum jemanden in Deutschland, der ihm wohlgesonnen war, diesem Feudalherrscher, der sein Volk unterdrückte, innenpolitische Gegner einsperren und foltern ließ, selbst aber mit seiner Familie in unvorstellbarem Luxus lebte.

Die Zeiten, als man in Deutschland noch Mitleid mit ihm hatte, weil seine erste Frau Soraya ihm keine Kinder gebären konnte, waren vorbei. In den 1950er-Jahren war das noch ein Dauerthema der Klatschblätter gewesen. Inzwischen war der Schah dreifacher Vater – seine zweite Frau Farah Diba hatte also funktioniert.

Die Wut auf den Schah wurde zusätzlich angeheizt, als die »Jubel-Perser« in Aktion traten: Als Schah-Anhänger getarnte Schläger des Herrschers droschen willkürlich und gnadenlos in die Menge. Doch so aufgeheizt, wie in West-Berlin, wo die kaiserlichen Hoheiten und ihre Entourage zwei Tage später auftraten, war die Stimmung bei uns trotzdem nicht. Am 2. Juni erschoss dort der Polizist Karl-Heinz Kurras den friedlich gegen den Schah-Besuch protestierenden Studenten Benno Ohnesorg. Und danach war auf deutschen Straßen nichts mehr so, wie es einmal war. Ein Einschnitt in der bundesdeutschen Geschichte, mit Folgen, die noch die kommenden Jahrzehnte prägen sollten.

*

Jenseits der Politik standen die ausgehenden 1960er-Jahre ganz im Zeichen des »Summer of Love«. Der Begriff kam aus dem fernen Kalifornien zu uns, ebenso wie der Ohrwurm von Scott McKenzie »San Franciso (Be Sure to Wear Flowers in Your Hair)«. Beides passte wie maßgeschneidert zum Lebensgefühl der Münchner Hippiejugend, der jungen Männer mit langen, wallenden Haaren, der schönen Mädchen in bunten, flatternden Gewändern. Auf den Wiesen im Englischen Garten hieß es »Flower Power« statt Randale.

Ein Jahr später, im Oktober 1968, hatte das Broadway-Musical »Hair« Deutschland-Premiere im Theater an der Brienner Straße. Hunderte friedfertige Blumenkinder saßen im Parkett, auch ich war dabei. In der Pause und nach der Vorstellung taten wir es unseren Helden auf der Bühne gleich und ließen Haschischwölkchen aufsteigen. Und auf dem Heimweg sangen wir alle das Lied »Aquarius«:

When the moon is in the Seventh House
And Jupiter aligns with Mars
Then peace will guide the planets
And love will steer the stars
This is the dawning of the age of Aquarius
Age of Aquarius
Aquarius
Aquarius

Ja, die Wassermann-Friedensenergie. Hat sie mich damals auch umgetrieben, oder war es simple Neugier auf das Leben? Es war jedenfalls eine Ära des ungehemmten Vergnügens, eine Zeit, in der ich fast jeden Abend auf der Piste war. Ich musste nach der Arbeit nicht mehr heim nach Starnberg fahren, war von allen Zwängen befreit, niemandem Rechenschaft schuldig und konnte mich zum ersten Mal in meinem Leben so richtig austoben. Und das tat ich, ziemlich exzessiv.

Über der Stadt lag eine Stimmung, die auf mich wie eine Droge wirkte. Die abgenuckelten Haschisch-Zigaretten, die »Joints«, die gelegentlich von Hand zu Hand gingen und die man so tief zu inhalieren hatte, bis einem fast die Augen heraustraten, waren nichts dagegen. Man zog daran, weil es nach Rebellentum aussah, aber wer ehrlich war und nicht ständig kiffte, gab hinterher schon mal zu, nicht viel gemerkt zu haben.

Von dreißig Nächten im Monat war ich 25 in der Disco. Die Stadt war übersät mit Diskotheken, eine lauter, bunter, schriller und überfüllter als die andere. Hier gab es mit dem »Blow Up« am Elisabethmarkt die erste Großraumdisco der Republik für 2000 Leute, hier gab es jede Menge »Beatschuppen«, in denen Bands live auftraten, aber das war nicht so mein Fall. Meine bevorzugten Adressen waren das »Alekos« am Pündterplatz (dessen Besitzer später das »P1« übernahm und zur berühmten Hausbar der oberen 5000 machte), das »Big Apple« in der Leopoldstraße (über das Uschi Obermaier später schrieb, ein Abend »ohne« fühle sich an, als habe man den Lauf der Welt verpasst), das »Cabane« in der Kaulbachstraße oder das »Shalom« in der Potsdamer Straße. Das waren alles Topadressen, die meisten davon in Schwabing, »the place to be« in den Sechzigern. Hier hatte sich vor allem zwischen Siegestor und Münchner Freiheit die »wilde Meile« der Stadt entwickelt, eine bunte Mischung aus Clubs, Cafés, Kinos, Plattenläden und Freiluftgalerien – und ich mittendrin.

Tanzen in der Disco, das war etwas völlig anderes als die Tanzvergnügen im Partykeller meiner Eltern. Gespielt wurden Beat, Soul, Rock – alles, was schnell und wild genug war, um sich gehen lassen zu können, die Arme in die Luft zu schleudern, auf und ab zu springen, wie man gerade wollte. Im schummrigen, von grellbunten Blitzen durchzuckten Halbdunkel schüttelten die Jungs ihre langen Mähnen, ließen die Mädels, ob im Minirock, in engen Jeans oder Hotpants, die Hüften kreisen. Tanzschritte wie beim Foxtrott oder Cha-Cha-Cha brauchte man in der Disco jedenfalls nicht zu beherrschen. Und Anfassen gab es allenfalls mal zu sehr fortgerückter Stunde, wenn der Discjockey eine langsame Nummer spielte. Anfassen, das kam erst nach dem Tanzen, wenn man den Richtigen oder die Richtige dafür aufgegabelt hatte.

Sicher gab es auch Paare, die zusammen in die Diskothek gingen, gemeinsam auf der Tanzfläche abhotteten und in den frühen Morgenstunden Arm in Arm wieder heimkehrten. Bei mir aber war es in dieser wilden Zeit meistens so, dass ich den Laden allein oder mit einer Freundin betrat und mit einem Jungen im Arm wieder verließ. Und entweder ging man sofort mit ihm nach Hause oder man beschloss, zum näheren Beschnuppern vorher noch irgendwo einen Drink zu nehmen.

In einem solchen Fall traf ich eines Nachts in einer Bar in der Reichenbachstraße unvermittelt meinen Vater. Er saß mit einer mir unbekannten Frau am Tresen, ich kam mit einem ihm unbekannten Begleiter hinein.

»Was machst du denn hier, Tata?«, fragte ich entgeistert.

»Das wollte ich dich auch gerade fragen, Fuschi.«

Ich bin nicht lange geblieben. So locker, dass wir uns zu viert noch etwas zusammengesetzt hätten, waren wir in dieser Situation dann doch nicht. Und zu Hause in Starnberg kam unsere nächtliche Begegnung natürlich nicht zur Sprache. Erst viel später habe ich erfahren, dass es um die Ehe meiner Eltern da schon nicht mehr zum Besten stand.

*

Im Januar und Februar hat's mich etwas seltener in die Disco verschlagen – aber auch nur, weil Fasching war. Fasching in München, das war immer etwas ganz Besonderes, ich liebte es. Wahrscheinlich hatte ich das in den Genen, schon meine Eltern waren ja leidenschaftliche Faschingsnarren. Mit dem rheinischen Karneval oder der Mainzer Fastnacht haben unsere Faschingsbräuche, vom Spaßfaktor einmal abgesehen, so gut wie nichts gemein. In Bayern kennt man weder die großen Rosenmontagsumzüge noch die Prunksitzungen in riesigen Festhallen. Nur, wann Schluss ist mit den tollen Tagen, ist für alle gleich geregelt: um Mitternacht vor Aschermittwoch anderthalb Monate vor Ostern.

Für mich hieß Fasching einfach: feiern, feiern, feiern. Mit viel Fantasie, Freude und Freizügigkeit. Da ich ja im Bayerischen Hof quasi ein und aus ging, hätte ich auch dort die Veranstaltungen und Bälle besuchen können – bei freiem Eintritt –, aber das war mir viel zu spießig, ebenso die Events in den anderen Grandhotels der Stadt. Nichts für eine 19-Jährige.

Mich und meine Freunde zog es ins Haus der Kunst, ins Hotel Regina, oder auch mal in die »Deutsche Eiche«, die legendäre Schwulenkneipe im Glockenbachviertel, das damals noch ein richtiges Glasscherbenviertel war und nicht so geschleckt wie heute. Und privat organisierte Feste standen hoch im Kurs. Dann wieder lockte die »Rheinpfalz«, eins der schrägsten Wirtshäuser Schwabings, oder die Max-Emanuel-Brauerei mit ihrer Kleiderordnung »nur in Weiß«.

Schon allein das Verkleiden vorher war eine Gaudi für sich. Wir Mädels hatten alle eine große Kiste mit verrückten Klamotten, Perücken und Hüten zu Hause. Man traf sich bei einer Freundin, brachte ein paar originelle Fummel mit, tauschte und probierte, schlüpfte in ein kesses Smokingjackett oder einen feuerroten Lederrock, steckte sich Federn ins Haar oder ging gleich mit Farbe zu Werke, malte sich das Gesicht an und hopste aufgedreht vor dem Spiegel herum. Schon bei der Anprobe lachten wir uns kaputt, wenn wir uns den Auftritt später vorstellten. Sich zu verkleiden war eine große Lust für mich – mal für ein paar Stunden in ein anderes Ich schlüpfen.

Gegen halb neun Uhr ging dann die Party los, man holte sich ein Glas Wein, stürzte sich ins Getümmel und hielt Ausschau nach bekannten Gesichtern. So geheimnisvoll maskiert wie im Karneval von Venedig ist man im Münchner Fasching ja nicht, aber oft musste man schon zweimal hinschauen. Aber nach dem zweiten Glas Wein quatschte sowieso jeder jeden ganz ungeniert an. Die Räume waren erfüllt von guter Laune und Gelächter, aus den Boxen hämmerte die Beatmusik, und es knisterte vor Erotik. Wenn die Würfel dann gefallen waren und die Wahl für den Abend getroffen war, ging man anschließend vielleicht noch irgendwo auf einen Absacker hin, oder sparte sich diese Schleife.

Sehen wir uns wieder? Was machst du denn nächsten Samstag? Magst du mal mitkommen zum Skifahren am Wochenende? Nach einer Faschingsnacht bleibt immer alles offen. Und am Aschermittwoch gehen die Uhren sowieso wieder anders. Da wuschen wir am Fischbrunnen auf dem Marienplatz noch traditionsgemäß den leeren Geldbeutel aus und trafen uns abends vielleicht noch zum Fischessen im Franziskaner. Grad schön war's wieder, aber jetzt war erst mal Erholung angesagt.

*

Es gab in diesen bewegten, so herrlich unkonventionellen Jahren viele Redensarten und Sprüche, die unsterblich geworden sind. Auf den Demos hieß es immer: »Alle Räder stehen still, wenn dein starker Arm es will.« Und der revolutionäre Macho tönte gern: »Wer zweimal mit derselben pennt, gehört schon zum Establishment.«

Nicht nur ich habe mir damals die Freiheit genommen, den Spruch umzukehren. Das war die eigentliche Revolution im Verhältnis Mann und Frau. Sie nimmt sich, was und wen sie will, nicht nur der Pascha hat das Recht, wahllos herumzuvögeln.

Honi soit qui mal y pense! Es waren goldene Jahre, die große Freiheit. Eine sorglose Ära ohne Aids und mit der Pille. Wir liebten das Leben, wir waren dabei. Wir waren bereit, alle Erfahrungen zu machen. Und mit »wir« meine ich: wir Frauen. Es war ein großartiges Gefühl, dass man jetzt selbstbestimmter und selbstbewusster leben konnte als die Frauen früher. Aber natürlich war das nur ein Teilsieg auf dem langen Weg Richtung Gleichberechtigung. Und bei aller Freiheit und Freizügigkeit blieben ein paar Dinge an den Frauen hängen.

Ich musste zu meinem Leidwesen feststellen, dass ich die Antibabypille nicht vertrug. Damals gab es nur ein Präparat mit sehr hohen Hormondosen. Die sichtbarsten Zeichen, dass ich mit der Pille nicht klarkam, waren braune Pigmentflecke, die überall auf meiner Stirn auftauchten. Ein Gynäkologe riet mir, sie abzusetzen. Ich versuchte es mit der Spirale, die vertrug ich aber auch nicht. Schwangerschaftsabbrüche waren ungesetzlich, da gab es den berüchtigten Paragrafen 218. Aber mit Geld und dem richtigen Arzt bekam man das irgendwie hin. Achtmal in meinem Leben war ich schwanger, achtmal habe ich abgetrieben, zuletzt mit 33. Der Gynäkologie sagte jedes Mal: »Oh Gott, nicht schon wieder!«

Es sollte noch bis 1971 dauern – drei Jahre nach dem Ende meiner Lehre –, bis der *Stern* mit seiner Titelgeschichte »Wir haben abgetrieben« auf den Markt kam. Sie schlug in ganz Deutschland wie eine Bombe ein. Viele prominente Frauen wie die Schauspielerinnen

Romy Schneider und Senta Berger oder das Top-Model Veruschka von Lehndorff, aber auch Hausfrauen, Sekretärinnen, Wissenschaftlerinnen und Arbeiterinnen, insgesamt 374 Frauen, bekannten sich darin zu einem oder mehreren Schwangerschaftsabbrüchen und offenbarten damit, gegen das Gesetz verstoßen zu haben. Sie forderten die Abschaffung des Paragrafen 218. Die Aktion gilt als Meilenstein der deutschen Frauenbewegung. Mich hat sie dazu gebracht, die Rolle der Frauen in der Gesellschaft ganz allgemein, nicht nur beim Thema Schwangerschaft, kritischer zu hinterfragen, als ich das bisher getan hatte. Ich war beeindruckt von Alice Schwarzer, die damals begann, ihr Lebensthema Gleichberechtigung und Frauenrechte zu formulieren, als Journalistin, als Verlegerin, als Aktivistin. Sie hatte diese Aktion mit angeschoben. Eine großartige Frau, die Großes geleistet hat.

Ähnlich beeindruckt war ich viele, viele Jahre später von Beate Uhse. Ich hatte damals schon meine Agentur und vermittelte ihre Autobiografie »Mit Lust und Liebe«. Dabei erfuhr ich, was sie, eine der ersten Pilotinnen, jenseits ihrer Rolle als Unternehmerin im Bereich Erotika, alles zum Thema Gleichberechtigung beigetragen hat. Die »Mutter Courage des Tabubruchs«, wie sie genannt wurde, hat gegen enorme Widerstände mit dazu beigetragen, Sexualität und Fortpflanzung zu entkoppeln und auch Frauen Lust daran zu vermitteln. Nicht zuletzt, weil sie schon in den Fünfzigern Kondome verkaufte. Was bei den Herren der Schöpfung nicht uneingeschränkt auf Gegenliebe stieß.

Viele von ihnen gingen in jenen frühen Jahren vollkommen unsensibel mit dem Thema Verhütung um. Es war frustrierend, ja niederschmetternd, mit ihnen darüber diskutieren zu wollen. Ein gängiger Spruch war zum Beispiel: »Ich gehöre doch nicht zur Rubber-Generation.« Sie fanden sich ganz toll und weltläufig, diese Typen, wenn sie statt Gummi »rubber« sagten. Für die meisten Männer war es unter ihrer Würde, ein Kondom zu benutzen. Sie wollten ihren Spaß, die Konsequenzen hatten die Frauen zu tragen. Ich fand das empörend und dachte manchmal: Fick dich doch ins Knie. Eine Zeitlang bin ich auch mal lesbische Beziehungen eingegangen, weil ich die Schnauze so voll hatte von den Männern meiner Generation, die so taten, als ob sie das alles nicht betraf. Es war unglaublich: Diese Typen, die auf der Straße »Ho-Ho-Ho-Chi-Minh!« brüllten und ihre Väter anklagten, hatten, was Frauen anging, nichts dazugelernt. Sie agierten genauso ignorant und selbstverliebt wie ihre Väter. Und darüber kann ich mich heute noch aufregen.

KAPITEL 11

London Calling

I m Sommer 1968 war meine Lehrzeit zu Ende. Ich war jetzt zwanzig Jahre alt und IHK-geprüfte Buchhandelsgehilfin, wie es damals noch hieß. Ich war ungebunden und verspürte mal wieder den Wunsch nach Veränderung. Ich wollte raus in die Welt, und diesmal sollte es etwas weiter weg gehen als nur nach München. Ich wollte für ein halbes Jahr nach London gehen, um mein dürftiges Englisch aufzupolieren. In der Schule hatte ich ja mit Latein begonnen, erst später waren Englisch und Französisch dazugekommen. Im Gymnasium hatte der Schwerpunkt eher auf dem Schriftlichen gelegen, und in einer Münchner Buchhandlung passierte es in den 1960er-Jahren auch eher selten, dass sich amerikanische oder englische Kundschaft dort hinein verirrte.

Als ich meinen Eltern von meinen Plänen erzählte, boten sie an, mich monatlich mit der stolzen Summe von 1000 Mark zu subventionieren: für Schulgebühren, Zimmer, U-Bahn und Verpflegung. London galt als teures Pflaster, »aber damit«, meinte mein Vater, »müsstest du schon klarkommen.«

Ich konnte es kaum erwarten, die Stadt an der Themse zu erobern. London zog junge Leute von überallher geradezu magnetisch an. Eine weltoffenere Metropole gab es nicht – da konnte selbst München nicht mithalten. Popmusik, Mode, Lebensart, James-Bond-Filme – alle wichtigen Trends kamen aus »Swinging London«, dem Nabel der westlichen Welt. England war sogar Fußball-weltmeister, obwohl der entscheidende Treffer nicht drin gewesen war. Das war nicht nur die Meinung meines Vaters, der das Finale im Londoner Wembley-Stadion im Fernsehen verfolgt hatte, sondern auch die vorherrschende Meinung im Schwimmbad des Bayerischen Hofes: »Der Ball war nicht drin. Der Titel steht England nicht zu!«

Mir war das herzlich wurscht. Mein Herz ließ eher schon das Bild von einem roten Londoner Doppeldeckerbus schneller schlagen. Ich wollte da hin und malte mir schon Wochen vorher aus, wie ich Lesley Hornby alias Twiggy leibhaftig begegnen würde, diesem gertenschlanken Supermodel mit der akkurat geschnittenen Vidal-Sassoon-Frisur und den großen Kinderaugen, die den Minirock und damit auch sich selbst weltweit berühmt gemacht hatte. Und wie ich vielleicht auch mal einen Blick auf Elisabeth II. erhaschen würde, die schöne und damals noch sehr junge Königin mit dem gewinnenden Lächeln. Als die Spießer sich überall in

Europa über den Minirock die Mäuler zerrissen, hatte die Queen verkünden lassen, der Hof habe nichts gegen die neue Mode, und legte als schickliche Grenze sieben Zentimeter über dem Knie fest. Dann lud sie sogar die Minirock-Erfinderin Mary Quant, die selbstverständlich in ihrer eigenen Kreation erschien, in den Palast ein und verlieh ihr den Order of the British Empire, wie ein Jahr zuvor schon den Beatles.

So ein Staatsoberhaupt wie diese bezaubernde junge Königin hätten wir uns in Deutschland auch gewünscht. Doch wir hatten nur Bundespräsident Heinrich Lübke. Über den machte man sich lustig – unter anderem, weil er so ein fürchterliches Englisch sprach. Und auf den Straßen empörten sich ältere Herrschaften vor laufender Kamera darüber, dass es solche langhaarigen Männer und Frauen in so kurzen Röcken »unter Adolf« nicht gegeben hätte. Tja. Eine andere Welt.

Die Welt, die mich jetzt erwartete, erschien mir wie das reinste wilde Abenteuer. Um mich londonmäßig so richtig in Schwung zu bringen, legte ich manchmal eine Platte von Tom Jones auf und gab mich der Fantasie hin, wie der »Tiger« mir das Nachtleben von London zeigt. Ich zählte die Tage.

*

Aus irgendeinem Grund hatte mein Vater für mich den Flug nach London nicht von München-Riem, sondern von Hamburg aus gebucht. Vielleicht weil die Stadt näher dran liegt am Vereinigten Königreich und das Ticket deshalb billiger war. Jedenfalls sollte ich mit dem Zug nach Hamburg fahren und von dort nach London fliegen.

Und hier kam jetzt mein Freund Klaus Thams ins Spiel. Er stammt aus der angesehenen Hamburger Kaffeerösterei Thams & Garfs. Ich hatte ihn in meinem zweiten oder dritten Lehrjahr in München kennengelernt. Damals machte er ein Praktikum bei Dallmayr, und war in seiner freien Zeit meistens mit einer Clique aus anderen Hamburgern unterwegs, die es aus den unterschiedlichsten Gründen nach Bayern verschlagen hatte. Einmal waren sie alle bei mir in der Buchhandlung aufgekreuzt und hatten mit ihren guten Manieren und der ebenso guten Laune auch Tante Ingeborg becirct.

Klaus war ein Verehrer von mir, aber ich mochte ihn allein schon deshalb, weil er so unglaublich lustig war. Unser Verhältnis war kumpelhaft, hätte aber jederzeit in mehr umschlagen können. Es knisterte immer ein bisschen zwischen uns. Auch die anderen Jungs aus seiner Clique gefielen mir. Sie segelten, spielten leidenschaftlich gern Hockey und Tennis und waren allesamt lebenslustige positive Menschen, weit entfernt von hanseatischer Steifheit und Distanziertheit, wie man sie Hamburgern gern unterstellt.

Einige Tage vor der großen Reise rief ich Klaus an,

um ihm von meinen Plänen zu berichten. Falls er Lust und Zeit hätte, sich ein bisschen um mich zu kümmern und mir die Stadt zu zeigen, dann würde ich vor meinem Abflug nach London ein paar Tage in Hamburg einlegen. Und wir würden uns endlich wiedersehen.

Als ich aufgehört hatte zu reden, war es einen Moment still in der Leitung, dann stieß Klaus einen kleinen Freudenschrei aus: »Mensch, Fuschi, das ist die Idee des Jahrhunderts! Ich freu mich riesig. Du kannst bei mir schlafen. Wenn du kommst, gehen wir in die Pöseldorfer Bierstuben. Da wird es dir gefallen.«

*

Klaus holte mich am Bahnhof ab und zeigte mir Pöseldorf, dieses entzückende Quartier mit seinen Villen, Galerien, schicken Läden, Kneipen, extravaganten Friseursalons und tollen Schmuckgeschäften. Wir gingen zur Alster runter, wo Dampfer, Ruderer und Segler in der Nachmittagssonne ihre Bahnen zogen, alle durcheinander, wie mir schien. Ich wunderte mich, dass sie sich nicht in die Quere kamen. Auf dem Starnberger See ging es definitiv ruhiger zu.

Ein Alsterdampfer brachte uns zur Haltestelle Krugkoppelbrücke, dort tranken wir bei Bobby Reich ein Alsterwasser, das bei uns in Bayern Radler heißt, dann spazierten wir zurück bis zu den Pöseldorfer Bierstuben, und da ist es dann passiert, kaum, dass wir den Laden betreten hatten: Klaus stellte mir einen Freund von sich vor – schlanker Typ, dunkle Haare, Brillenträger, Sporthemd, Pulli leger um die Schultern geworfen –, der mich freundlich forschend ansah. »Das ist Michael Jud«, sagte Klaus, »und das ist Fuschi, wir kennen uns aus München. Sie ist ein paar Tage in der Stadt und fliegt dann weiter nach London.«

Wow, wie das klang: Sie fliegt nach London! Ein paar Leute schauten neugierig herüber, es ging mir runter wie ein Glas Champagner, und ich fühlte mich wie Jane Fonda.

Michael Jud, sieben Jahre älter als ich, Hamburger Jung und freier Journalist. Innerhalb von zehn Minuten war ich total verknallt in ihn und er, was mir nicht verborgen blieb, auch in mich. Wir hatten nur noch Augen füreinander – und Ohren, denn es stellte sich heraus, dass er ein charmanter, witziger Erzähler war. Ihm zuzuhören war ein Vergnügen. Michael hatte jede Menge lustige Geschichten auf Lager, und dabei fehlte ihm dieser unsägliche Drang, den so viele Männer haben, die man gerade kennengelernt hat, mit allem, was sie erzählen, immerzu beweisen zu wollen, was für tolle Hechte sie sind. Was auch Seltenheitswert hatte, vor allem bei jemandem, der gut reden kann: Dieser Michael, den seine Freunde nur Mike nannten, war auch ein guter Zuhörer.

Als ich ihm von meiner gerade abgeschlossenen Buchhändlerlehre erzählte, war er ganz aufgeregt und nannte unsere Begegnung »schicksalhaft«. Michael war der Sohn des nicht nur stadtbekannten Buchhändlers Felix Jud, Gründer und Chef der »Hamburger Bücherstube« am Neuen Wall, nahe dem Jungfernstieg. Selbst bei Tante Ingeborg hatte ich den Namen schon mal gehört. Sein bester Freund war Heinrich-Maria Ledig-Rowohlt, Chef des gleichnamigen Verlages, der in Reinbek bei Hamburg residierte, und zu dieser Zeit in aller Munde war. Fritz J. Raddatz, Cheflektor und Vize des Verlegers, und Vertriebsleiter Karl Hans Hintermeier standen im Zentrum einer Affäre, deren Wellen bis weit über die Buchbranche hinausschlugen. Der Verlag, dem eher ein »linker« Ruf anhaftete, hatte das Bonner Verteidigungsministerium mit 50 000 Sonderexemplaren der antistalinistischen Memoiren von Jewgenija Ginsburg (»Marschroute eines Lebens«) beliefert. Die kleinen Büchlein waren, wasserdicht verpackt, bei günstigem Wind teils mit Ballons über die Grenze »geflogen« worden. Auch ein weiteres Werk der Hardthöhe sollte, von Rowohlt gedruckt, so gen Osten gelangen.

Nachdem die Sache publik geworden war, drohte die APO mit einem Boykott des Verlages und damit, den Stand auf der Frankfurter Buchmesse zu verwüsten. Und das SED-Zentralorgan *Neues Deutschland* fragte genüsslich, ob Rowohlt mit seiner »Teilnahme an den Diversionsbomben-Aktionen des Bonner Ultrarechtsblocks« eigentlich noch tiefer sinken könne.

Hintermeier, der die Sache offenbar federführend

eingetütet hatte, geriet darüber so heftig in Streit mit Raddatz, dass der am Ende seinen Hut nahm und mit ihm auch eine Reihe von Autoren dem Verlag den Rücken kehrten, empört über diesen »Interzonenhandel«.

Michael hatte bei Elwert und Meurer in Berlin eine Buchhändlerlehre gemacht und wir damit unser Thema gefunden: Wir redeten endlos über Bücher, Autoren, die Buchbranche und erzählten uns, was wir in letzter Zeit gelesen hatten. Der Abend war noch keine vier Stunden alt, als wir den kühnen Plan schmiedeten, hier im vornehmen Pöseldorf eine Buchhandlung aufzumachen. Aber erst einmal landeten wir in Michaels Bett. Und als wir am nächsten Morgen aufwachten, fragte er mich: »Muss das eigentlich sein, dass du nach London gehst? In Hamburg kann man doch auch Englisch lernen.«

Die Situation war paradox und grotesk, und ein Hauch von Tragik auch dabei: Hier nahm gerade eine große Liebe ihren Anfang, und dann wollte es die Regie, dass man schon nach drei Tagen wieder auseinandergeht und sich ein halbes Jahr nicht sieht.

Ich war glücklich und todtraurig zugleich. Wie hatte ich mich auf London gefreut, wie sehr diese Reise herbeigesehnt! Nun spielte ich tatsächlich kurz mit dem Gedanken, alles sausen zu lassen, mein Zimmer und den Sprachkurs, die beide schon gebucht waren, und meinen Vater zu bitten, das alles irgendwie zu regeln. Aber am Ende fehlte mir dazu doch die Chuzpe.

Schließlich war ich von den Eltern zu Zuverlässigkeit und Korrektheit erzogen worden. Ich hätte mich geschämt vor ihnen.

Die wenigen Tage, die Michael und mir bis zu meiner Abreise noch blieben, waren von einer nie erlebten Intensität. Wir konnten nicht voneinander lassen. Und versuchten zuversichtlich zu sein, dass wir dieses schlimme halbe Jahr schon irgendwie überstehen würden. Eifrig planten wir für die Zeit danach: gemeinsame Wohnung, die Buchhandlung, sogar von Hochzeit war schon vorsichtig die Rede.

Als Mike mich schließlich zum Flughafen brachte und meine Maschine aufgerufen wurde, fielen wir uns ein letztes Mal hollywoodreif in die Arme und schworen uns Treue.

»Wir telefonieren ganz oft«, sagte ich tapfer.

»Klar machen wir das. Und vielleicht komm ich auch mal vorbei in London«, sagte er, ganz der weltläufige Hanseat.

*

Natürlich kam Mike während der gesamten sechs Monate nicht ein einziges Mal zu mir nach England. Die erste große Liebe meines Lebens war im Einhalten von Versprechen nicht eben von exemplarischer Zuverlässigkeit, das sollte ich später noch leidvoll erfahren. Aber ich will mir, was meine vorbildliche Kommunikation betrifft, auch nicht allzu sehr auf die Schulter klopfen. Das Telefonieren in diesen wunderbaren roten englischen Telefonzellen machte mir nämlich auch noch aus einem anderen Grund riesigen Spaß, nicht nur, weil die pflichtbewusste Fuschi sich bei den Lieben daheim und vor allem dem Liebsten melden wollte. Es kostete nämlich nur sehr wenig. Natürlich war ein Trick dabei, den hatte mein Vater mir verraten. Eine bestimmte deutsche Münze (welche, das sage ich jetzt nicht) von eher niedrigerem Wert war in Größe, Gewicht und Beschaffenheit identisch mit einem wesentlich wertvolleren englischen Geldstück, das in der Telefonzelle benutzt werden konnte. Man steckte sie in den Schlitz, und der Schlitz nahm sie gewissermaßen für bare Münze britischer Prägung. Zwei oder drei von diesen falschen Fuffzigern (das Wort Fuffziger hat hier nur metaphorischen Charakter) – und man konnte mehrere Minuten sprechen. Ich weiß nicht, wie viele Deutsche diese Masche kannten, aber es wundert mich bis heute, dass die Engländer, die ja beim Entleeren der Geldschächte den Schaden entdeckten, die Sache nicht unterbanden. Meine Mutter hatte mir jedenfalls schon zum Reiseantritt reichlich von diesen Münzen mitgegeben und sorgte auch für Nachschub auf dem Postweg.

Was ich am Telefon, oder auch, wenn ich mich mal zu einer Postkarte aufraffte, zu berichten hatte, war im Großen und Ganzen positiv. Ich mochte London auf Anhieb, diese quirlige Weltmetropole, die größte Stadt, die ich je gesehen hatte. Was mich besonders faszinierte, war das bunte Völkergemisch auf den Straßen und in den Parks. All diese fremdländischen Menschen schienen eigene Stadtteile zu haben. Hier die Inder, dort die Chinesen, da die Afghanen, die Juden, die Araber und dort die Portugiesen. Man tauchte von Stadtviertel zu Stadtviertel ein in neue Welten, ohne auf Weltreise gehen zu müssen.

Bei aller Buntheit und Vielfalt, die Klassenunterschiede in der Londoner Gesellschaft waren enorm. Da sah man die jungen Schnösel im Rolls Royce, Jaguar oder Bentley durch den Hyde Park und um den Piccadilly Circus kurven, da sah man vor den Theaterkassen die besseren Herrschaften in ihren Nadelstreifenanzügen und Abendkleidern nach Karten anstehen – und nur ein paar Ecken weiter standen, ebenfalls in langen Schlangen, Menschen für die Armenspeisung an. In den Straßen hockten Bettler, und Trunkenbolde riefen den an ihnen vorbeistolzierenden Mädchen in ihren Miniröcken oder Hotpants Obszönitäten hinterher. Eine so große soziale Kluft kannte ich aus Deutschland nicht. Was auch daran lag, dass selbst in den ärmeren Vierteln alles sündhaft teuer war. Ich fragte mich, wie die Menschen hier zurechtkommen konnten. Obwohl der Lebensstandard allgemein hinter unserem herhinkte.

London war ein so teures Pflaster, dass ich mir trotz elterlicher Unterstützung kaum etwas leisten konnte. Kein Wunder, dass die Briten immer nur Tee tranken und diese schrecklichen Kekse aßen. Schon das U-Bahn-

Fahren war so kostspielig, dass ich die meiste Zeit zu Fuß unterwegs war. Ich spazierte in meiner freien Zeit durch die wunderbaren Parks, lauschte sonntags im Hyde Park den flammenden Reden der Revolutionäre und Weltverbesserer oder schlenderte über einen der vielen Klamottenflohmärkte.

Ich wohnte zunächst in einem möblierten Zimmer im Arme-Leute-Viertel Chiswick. Wenn man sich da die Haare waschen wollte, musste man Geld in einen Automaten werfen, um warmes Wasser zu bekommen, und wenn man sich beim Waschen vertrödelte, konnte es passieren, dass der Automat mittendrin abschaltete. Dann saß man da mit seinem eingeschäumten Kopf und kramte krampfhaft nach einer neuen Geldmünze.

Einmal rief ich meinen Vater an und beklagte mein schweres Los. Tata schickte mir daraufhin mit der Post mehrere Dosen Krautwickerl in Kümmelsoße, nach meinem Gefühl mit das Schlimmste, was man einem menschlichen Gaumen und Magen antun kann. Schon beim Auspacken würgte es mich. Tata in Höchstform! Er wusste genau, dass ich Krautwickerl in Kümmelsoße nicht mochte. Ein kleiner Test, wie sehr ich wirklich unter meinem knappen Budget litt. Nicht genug, als dass ich die Dosen geöffnet hätte. Undankbar, ich weiß, aber ich stellte das Fresspaket draußen auf den Bürgersteig, und am nächsten Tag war es weg.

*

In meiner Sprachschule, der »London School of English« am Hanover Square in Mayfair machte ich schnell Fortschritte bei Vokabeln, Satzbau und Grammatik, hatte aber meine Mühe, was die Aussprache betraf. Denn da war es wieder, mein rollendes siebenbürgisches R, das mir schon in der Volksschule den Spott der Mitschüler eingetragen hatte. Ich werde das wohl in diesem Leben nicht mehr loswerden, und wenn ich meinen Freunden und Bekannten glauben darf, ist das auch gut so, denn sie sehen das als einen unverzichtbaren Bestandteil meiner Persönlichkeit.

Dass mein Wortschatz und damit auch die Souveränität, mit der ich mich in London bewegte, täglich wuchs, lag auch an mehreren Cliquen, die mich liebevoll aufnahmen und mich mitnahmen in die Pubs oder zum Tanzen. Cliquen, das merkte ich wieder einmal, sind einfach das beste Entrée in eine fremde Welt.

Gleich an einem meiner ersten Tage in London war ich auf der Oxford Street in einen Bekannten aus Starnberg gelaufen, klein ist die Welt. Alexander Knorr, der Sohn des Arztes, der mich in Niederpöcking auf die Welt geholt hatte. Alexander machte ein Praktikum bei Sotheby's und wurde später Auktionator. Er nahm mich unter seine Fittiche, lud mich ins Theater ein, in Museen, auf Vernissagen und Konzerte. Über ihn und seine Freunde lernte ich die Londoner Lebensart besser kennen, als mir das aus der Perspektive der knapp eingesäumten Ausländerin möglich gewesen wäre.

Ich begegnete vielen tollen Leuten, aber Twiggy und Mary Quant waren nicht darunter, auch nicht Tom Jones, und die Königin hatte sich ebenfalls nicht blicken lassen. Und anders als noch in München gedacht, hatte ich mich in London auch nicht in einen englischen Gentleman verliebt. Verliebt war ich schließlich schon, und die lange Trennung von Michael war das Einzige, was mich in dieser tollen Zeit immer wieder traurig gestimmt hatte. Nie hätte ich es in meinen turbulenten Münchner Lehr- und Discojahren für möglich gehalten, dass ein einzelner Mann, obgleich nur in meinen Gedanken präsent, mich einmal so intensiv in Beschlag nehmen würde. Mein Treuegelöbnis einzuhalten fiel mir nicht einen Tag schwer. Und als ich schließlich mein Abschlusszeugnis in der Tasche hatte, die Planung meiner Rückreise anstand, ich Michael in Hamburg anrief, hing der Himmel voller Geigen.

TEIL III

BÜCHERMENSCHEN

*»Um meinen dreißigsten Geburtstag herum
habe ich mir die Frage gestellt, ob ich
das Leben ernst nehmen sollte. Ungern
zwar, aber dann habe ich mich tatsächlich
für den Ernst des Lebens entschieden.«*

KAPITEL 12

Die »Buchbox«

Von London ging es aber erst mal nach München. Mein Vater holte mich vom Flughafen ab, und wir fuhren die altvertraute Strecke nach Starnberg. Zu Hause begrüßten mich meine Mutter und meine Schwestern, ja selbst die Toni und die anderen guten Geister im Hause Kolf taten so, als hätte ich nicht ein halbes Jahr sondern Jahrzehnte im Ausland zugebracht. Die Mama hatte ein Festessen vorbereitet, die Stimmung war gelöst und harmonisch, wir hoben die Gläser, freuten uns und lachten viel. Ich musste erzählen, was ich im fernen London erlebt hatte. Und Kostroben meiner neu erworbenen Englischkenntnisse sollte ich natürlich auch geben. Aber noch mehr als meine Londoner Erfahrungen interessierte meine Familie, was es mit diesem Mann aus Hamburg auf sich hatte, zu dem ich in wenigen Tagen weiterreisen wollte. Wie und wo genau hatte ich ihn kennengelernt? Wie sah er aus? Was machte er beruflich? Heutzutage zückt man da sein

Smartphone und legt 34 digitale Bilder in gestochener Qualität vor – aber ich war schon froh über ein kleines, etwas zerknittertes Foto, das Michael mir mitgegeben hatte.

In unseren Telefongesprächen zwischen London und Hamburg hatten Mike und ich auch das Thema Hochzeit noch zwei-, dreimal gestreift, ganz unkonkret, aber immerhin, es war zur Sprache gekommen. Und so ließ ich am Tisch in der Ottostraße mit den Worten »Wir wollen übrigens heiraten« ganz beiläufig die Bombe platzen. Als ich dann auch noch von unserem Vorhaben berichtete, eine Buchhandlung in Hamburg zu eröffnen, hielt es Tata nicht mehr auf seinem Stuhl. Er sprang auf und verkündete feierlich: »Die Buchhandlung schenken wir euch zur Hochzeit.«

Und da kannte er den Mann, den seine Tochter heiraten wollte, noch nicht einmal!

*

Michael hatte meine Abwesenheit gut genutzt. Als wir uns endlich wiederhatten, es war inzwischen Spätsommer, zeigte er mir als Erstes die Wohnung, die er für uns gemietet hatte. Oderfelder Straße, etwas nördlich von Pöseldorf, vierter Stock, teilmöbliert. Eigene Möbel hatten wir nicht und hätten wir uns auch nicht leisten können. Also taten wir, was alle jungen Leute damals machten: Wir gingen »fleddern«. In Hamburg gab es die schöne Sitte, gebrauchtes Mobiliar, das man nicht mehr haben wollte, einmal im Vierteljahr auf die Straße zu stellen; von Stadtteil zu Stadtteil gab es unterschiedliche Termine dafür. Bevor die Müllabfuhr kam und alles abräumte, hatte man genügend Zeit, diesen »Sperrmüll« zu inspizieren und mitzunehmen, was brauchbar erschien. Oft dauerte es nur ein paar Stunden, bis die Sachen einen neuen Besitzer gefunden hatten. Manche sammelten sich so ihren kompletten Hausstand zusammen. Und auch wir bedienten uns reichlich.

Als wir uns halbwegs passabel eingerichtet hatten, gaben wir in unserer neuen Behausung ein Fest für hundert Leute. Die hatte alle Michael eingeladen, und sie kamen gern: Journalisten, Werbeleute, Galeristen, Verlagsmanager, Maler, Schriftsteller, Sportler, Lebenskünstler. Zur letztgenannten Gruppe gehörte eindeutig Mike. So richtig viel gearbeitet hat er damals als freier Journalist nicht gerade, seine Kunst bestand im Knüpfen und Pflegen von Bekanntschaften, Verbindungen, Freundschaften. Das Wort Netzwerk benutzte man damals noch nicht, wenigstens nicht in dem Sinne wie heute – er, Michael Jud, war der geborene Netzwerker überhaupt. Er kannte die halbe Stadt. Es war absolut unmöglich, mit ihm eine Straße zu überqueren, ohne dass jemand »Hallo Mike« rief. Das galt für St. Pauli ebenso wie für den Jungfernstieg.

Unser Fest war eines der schrägsten, die ich je erlebt habe. Es dauerte drei Tage. Die Leute kamen, gingen wieder, machten zwischendurch etwas anderes, erschienen am nächsten Tag erneut, immer wieder wurde getrunken und gelacht, aber selbst zu vorgerückter Stunde sackten die Gespräche nie auf Zotenniveau herab. Ich war beeindruckt: Diese Hamburger hatten wirklich Stil und Niveau!

Durch solche Veranstaltungen wie diese Drei-Tage-Party schnellte auch mein Bekanntenkreis in kürzester Zeit von null auf hundert, was natürlich ganz wunderbar war. Ich verstand überhaupt nicht, warum die Münchner immer so auf den Hamburgern herumhacken und sie als reservierte Schnösel schmähen. Ich habe in meiner ganzen Hamburger Zeit nichts von dieser angeblichen Kontaktscheu der Hanseaten bemerkt.

Auf unserem Fest lernte ich auch Mikes besten Freund kennen: Bernd Klosterfelde. Die beiden waren ganz in der Nähe aufgewachsen, sogar im selben Haus. Bernd, ein richtig feiner Kerl, auf den man sich in jeder Lebenslage verlassen kann, und der mir später bei einem Problem sehr geholfen hat, war ein lebensfroher Mensch und tobte sich am Schlagzeug einer Jazzkapelle aus. Aber er hatte auch eine sehr seriöse Ader, was ihm später als Verlagsmanager unter anderem bei Gruner + Jahr sehr zugutekam. Vor ein paar Jahren ist er, für mich unbegreiflich, nach Berlin gezogen – wenn einer nach Hamburg gehört, dann Bernd Klosterfelde.

Ein sehr ideen- und einflussreicher Mann aus Mikes Freundeskreis war Edu Brinkama, den manche recht zutreffend den »König von Pöseldorf« nannten. Er hatte viel Geld im Antiquitätenhandel gemacht und investierte jetzt als Bauherr in jenes Quartier, das in atemberaubendem Tempo an Attraktivität gewann und eigentlich zum Stadtteil Rotherbaum gehört. Pöseldorf heißt es nur im Volksmund. Hier sanierte Brinkama ein Haus nach dem anderen. Während ich in London war, hatte Mike ihn in unseren Plan von einer Buchhandlung in Pöseldorf eingeweiht. Und was soll man sagen? Brinkama war begeistert. Eine sensationelle Idee, sagte er, das fehlt noch in Pöseldorf.

Die Hauptlebensader des Quartiers war und ist bis heute die Milchstraße. An ihrem Anfang steht ein Fachwerkhaus, das einzige weit und breit. Dieses Haus hatte Edu Brinkama kürzlich erworben. Drei Geschäfte wollte er hier ansiedeln, und eines davon sollte die »Buchbox« sein. Den Namen hatten wir uns schon an unserem ersten Abend in den Pöseldorfer Bierstuben ausgedacht. Die anderen Läden bezogen ein Herrenausstatter und ein Antiquitätenhändler. Auch eine neue, damals noch weitgehend unbekannte Modedesignerin namens Jill Sander eröffnete in der gleichen Straße zur selben Zeit einen Laden.

Tage- und nächtelang saßen wir zusammen, planten, entwickelten, skizzierten, kalkulierten und redeten uns die Köpfe heiß. Vom Buchhandel verstanden wir beide ja schon einiges, aber ein eigenes Geschäft, das war schon eine andere Dimension. Aber Edu Brinkama war so verliebt in das Projekt »Buchbox«, dass er uns zum Einstand den Laden ein halbes Jahr mietfrei überließ. Und dann galt ja noch die Zusage meines Vaters, uns mit der Buchhandlung ein vorgezogenes Hochzeitsgeschenk zu machen. Konkret hieß das, dass er die Bürgschaft für den Firmenkredit übernahm.

Dass auch Michaels Vater Felix Jud maßgeblich zum Anfangserfolg der »Buchbox« beigetragen hat, glaubten damals einige in Hamburg. Dieser Mann mit seinen Erfahrungen im Buchgeschäft, wer hätte seinen Rat nicht liebend gern gesucht! Nur wenige kannten die Branche so gut wie er. Aber das Gegenteil war der Fall. Felix Jud gab keine Ratschläge und Empfehlungen, er betrat die »Buchbox« nie, und dass er mal angerufen und gefragt hätte, wie's bei uns läuft, ist auch nicht überliefert.

Warum das so war, bekam ich ziemlich schnell mit. Erstens, weil Michael es gelegentlich andeutete, und zweitens, weil es gar nicht zu übersehen war: Felix Jud stand seinem Sohn äußerst kritisch gegenüber. Er hielt ihn für leichtsinnig und nahm ihn nicht richtig ernst. Die Beziehung zwischen Vater und Sohn schwierig zu nennen wäre untertrieben. Ob beide unter der Situation gelitten haben, kann ich nicht sagen, dafür kannte ich sie zu kurz. Aber man kann es sich vorstellen. Felix Jud war der einzige Mensch, an dem Michael seine sonst so gute und manchmal auch demonstrativ gute Laune nicht auslassen konnte. Ich habe sie beide nie zusammen lachen sehen.

Mich aber hatte er von Anfang an ins Herz geschlossen. Das merkte ich gleich an dem Tag, als Michael mich ihm vorstellte. Später, als zwischen Mike und mir die ersten Krisen aufkamen und ich manchmal nicht mehr weiterwusste, soll er gesagt haben, »Mein Sohn versteht es nicht, die einzige gescheite Frau zu halten«.

Indirekt hat er uns aber doch sehr geholfen, indem er mir anbot, dass ich einmal in der Woche zu ihm in seine Bücherstube kommen könne, um richtig Buchhaltung zu lernen. Das war von unschätzbarem Wert, ich habe vieles gelernt, was mir in meiner Lehre verborgen geblieben war. Wenn diese nützliche Nachhilfestunde vorbei war, bat er mich manchmal, noch etwas zu bleiben, fragte nach meiner Kindheit und meinen Eltern und erzählte im Gegenzug das eine oder andere von sich, zum Beispiel von seiner Freundschaft zu Gregor von Rezzori, dem Schöpfer der unvergessenen »Maghrebinischen Geschichten«, die mein Vater so mochte. Oder die ulkige Geschichte von seinem ersten Auto, einem Opel, den er auf den Namen »Vigoleis« taufte, eine Verbeugung vor dem ersten Bestseller in seiner Bücherstube: »Die Insel des zweiten Gesichts« von Albert Vigoleis Thelen. Und einmal erzählte er stolz, er sei der Einzige in Hamburg, der das ihm angetragene Amt eines Kultursenators abgelehnt habe. Auch eine wunderbare Geschichte aus der Nazizeit bekam ich zu hören: Felix Jud, ein Sprössling aus der Verlagsdynastie Ullstein und ein dritter Kumpel hatten beschlossen, sich gemeinsam eine Wohnung zu nehmen. Da sie alle kein Geld hatten, schickten sie den Wohnungsplan an Ullstein Senior nach Berlin, mit der Bitte, die Kautionszahlung zu übernehmen. Der antwortete kurz und knapp: »Keine gute Idee. Einer heißt so, einer ist einer, und einer sieht so aus.«

Auch von seinen Erfahrungen in der Nazizeit erfuhr ich bei diesen Gesprächen: Wie man ihm nahelegte, seinen Nachnamen zu ändern, was er rundheraus ablehnte. Oder wie er in einer Aktion sein Schaufenster mit dem Buch »Schöne Tage mit braunen Menschen« (ein Afrika-Reisebericht) dekorierte und darüber ein Banner hängte, mit der Aufschrift: »Kauft eure Bücher beim Jud.« Dass sie ihn schließlich noch vor den Volksgerichtshof zerrten, weil er zu den Sympathisanten der »Weißen Rose« Hamburg gezählt wurde, und er ins KZ Neuengamme kam, das erfuhr ich allerdings nicht von ihm, sondern später von Michael.

Ich empfand immer eine große Wertschätzung für Felix Jud, und ich werde an anderer Stelle noch erzählen, wie er mir später geholfen hat, in der Verlagsbranche Fuß zu fassen. Es wärmte mir das Herz, dass er mich akzeptierte und mir vertraute. Gleichzeitig war ich auch bestürzt, wie gestört das Verhältnis zwischen ihm und Mike war. Natürlich hatte ich Geschichten gehört von seinen legendären ungehaltenen Anfällen. Seine ehemalige Frau, die mich ebenfalls schätzte und ausgesprochen nett zu mir war, hatte sich vielleicht auch deswegen von ihm scheiden lassen und arbeitete jetzt im Antiquariat Hauswedell. Zwei Schwestern von Michael gab es noch; auch sie nahmen mich mit großer Zuneigung auf. Sie alle, Vater, Mutter und Schwestern, vermittelten mir unausgesprochen das Gefühl, dass der Familien-Hallodri Michael bei mir endlich in den richtigen Händen war. Dadurch lastete eine gewisse Verantwortung auf meinen Schultern, die allmählich sehr schwer wurde.

Michael und ich liebten uns, wir waren froh, dass wir einander hatten, und das war ja eigentlich die Hauptsache. So ganz locker und easy war unser Leben aber trotzdem nicht. Ich merkte das schon nach dem ersten halben Jahr in Hamburg. Täglich in der Buchhandlung, das war ein ziemlich anstrengender Job, und er wurde noch anstrengender, je einseitiger die Arbeitsverteilung war. Michael machte sich rar, nicht nur im Geschäft, sondern in allen Bereichen, wo ich seine Unterstützung brauchte. Wenn er sagte, »Ich geh mal eben zur Post«, dann konnte ich sicher sein, dass er frühestens nach drei Stunden zurück sein würde. Wenn er dann wieder auftauchte, war seine immer gleiche Entschuldigung, er habe den Soundso getroffen und mit dem noch »ein schnelles Bier« gekippt. Und da ich ja bei seinem Vater Buchhaltung von der Pike auf lernte, zog er sich aus diesem Bereich völlig zurück. Den ganzen Geschäftskram überließ er mir.

Auch zu Hause geriet ich unter Druck, fühlte mich überfordert. Ich lebte zum ersten Mal mit einem Mann zusammen. Der erwartete von mir, dass ich jeden Tag, sofern wir nicht ausgingen, etwas zu essen machte. Für mich war das ein Riesenproblem, außer einem Spiegelei konnte ich eigentlich nichts. Küchenmäßig hatte ich keinerlei Erfahrung. Also kaufte ich ein, was man einfach zubereiten konnte, und das war meistens: Geschnetzeltes. Dass zu einem funktionierenden Haushalt auch noch Dinge wie Putzen und Wäschemachen gehörten, war eine weitere Erfahrung, die mir Stress machte. Das Einzige, was ich wirklich konnte, war: in einer Buchhandlung stehen und Bücher zu empfehlen. Das hatte ich gelernt, das tägliche Leben aber nicht.

Von unserem ersten gemeinsam erwirtschafteten Geld auf der hohen Kante kaufte Michael uns einen orangefarbenen VW-Variant, in meinen Augen eine furchtbar hässliche Kiste. Wir hatten unsere Buchhandlung da vielleicht ein Jahr, und genauso lange betrieb Jill Sander ihren Laden. Sie fuhr aber bereits einen blauen Jaguar. Sie verkaufte Pullover, wir verkauften Bücher. Wie konnte es sein, dass man mit Büchern so viel weniger Geld verdiente als mit Pullovern? Für mich waren Bücher etwas von Wert, Dinge, die Bestand hatten. Aber Pullover? Ich nahm mir vor, irgendwann auch mal so einen blauen Jaguar zu kaufen. Und das tat ich später auch, selbst wenn ich die meiste Zeit über nur mit dem Fahrrad unterwegs bin.

*

Meine Eltern kamen zu Besuch. Sie mochten Michael auf Anhieb, und er sie auch, wir hatten Spaß zusammen und lachten viel. Aber sie merkten, dass mit mir etwas nicht stimmte, dass ich angespannt war. Die Mama, immer schon perfekt und vorbildlich in allen Küchenangelegenheiten, half mir, den Haushalt etwas auf Vordermann zu bringen. Wir gingen gemeinsam einkaufen, und sie gab mir Tipps, wie man Vorräte anlegt, den Speiseplan variiert, einen hungrigen Mann verköstigt und Gäste bewirtet. Das erleichterte mir vieles, doch der Druck blieb, darüber konnten auch unsere gemeinsamen Wochenenden auf Sylt nicht hinwegtäuschen, wo Klaus' Familie ein Haus besaß.

Ich wusste manchmal nicht mehr ein noch aus, konnte nicht mehr abschalten und auch nicht mehr schlafen. Wenn ich Michael brauchte, war er nicht da. Abends ging er mit unserem Hund »Galaxy« vor die Tür und blieb Stunden weg. Ich war gereizt und so nervös, dass ich mir eines Tages, da war ich vielleicht ein Jahr in Hamburg, die Pulsadern aufgeschnitten habe. Ich lag in der Badewanne wie in einem schlechten Film und sah zu, wie das Blut das Wasser einfärbte.

Ich wollte mich sicher nicht umbringen, dazu hatte ich nicht tief genug geschnitten, es war eher ein Hilfeschrei. Der auch gehört wurde, denn Mike kam genau zum richtigen Zeitpunkt heim, leistete Erste Hilfe, zog mich an und brachte mich ins Eppendorfer Krankenhaus. Dort wollten sie mich zur psychologischen Nachbehandlung in der Klinik behalten, aber ich wollte wieder heim in unsere Wohnung in der Oderfelder Straße.

Was war eigentlich aus unseren Hochzeitsplänen geworden? Gute Frage. Wir hatten schon mal die Räumlichkeit besichtigt, den vornehmen Anglo-German Club, Ecke Harvestehuder Weg/Krugkoppelbrücke, aber mehr war noch nicht passiert. Es war immer irgendetwas anderes dazwischengekommen, wichtiger gewesen. Und dann kam das Aus, nicht lange nach meiner Badewannenaktion.

Habe ich erfahren, dass Mike fremdging? Oder habe ich mir das nur eingeredet? Es gab Anzeichen, auch eine Frau, eine Schauspielerin, den Rest habe ich mir zusammengereimt. Ich dachte: Wenn ein Mann schon vor der Hochzeit fremdgeht, wie soll das erst werden, wenn man verheiratet ist? Ich hatte schließlich schon einen Vater, der fremdging, das reichte.

Ich verließ die gemeinsame Wohnung und fragte unseren Freund Bernd, ob ich ein paar Tage bei ihm in Blankenese abtauchen dürfe. Ich durfte. Bernd richtete mir das Sofa her, und ich rief meinen Vater an, damit er mich abholen kommt. Und so endete meine große Liebe zu einem etwas flatterhaften Hamburger Jung, mit dem ich mich später wieder vertragen habe und der bis an sein Lebensende beteuert hat, ich hätte mir diese Fremdgeh-Story mit der Schauspielerin nur eingebildet, weil ich nervlich so am Ende gewesen sei.

Kurz nach meinem Weggang flog Mike aus unserer

Wohnung in der Oderfeldstraße 4, weil er die Miete nicht mehr bezahlen konnte. Da er keine Bleibe hatte, klingelte er bei seinem Freund Klaus Thams und fragte: »Kann ich eine Nacht bei dir wohnen?«

»Klar«, sagte Klaus, »komm rein.«

Zwei Jahre später zog Klaus aus seiner eigenen Wohnung aus, weil Mike immer noch da war. Nicht nur wir als Paar, auch die »Buchbox« war da längst Geschichte. Mike hatte Konkurs anmelden müssen.

KAPITEL 13

Alles auf los

Zurück in der Heimat. Leicht melancholisch schaute ich auf den Starnberger See. Adieu Hamburg! Keine Hochzeit mit Alsterblick, auch wenn der Herr Gemahl in spe bis zu seinem Tod nie aufgehört hat zu beteuern, ich hätte mir den Seitensprung nur eingebildet. Und auch mein Traum von der eigenen Buchhandlung war erst einmal geplatzt. Was nun?

Meine Eltern und Schwestern jedenfalls freuten sich, dass ich –zumindest vorübergehend – wieder zu Hause war, und taten alles, um mich fröhlich zu stimmen. Ich begrüßte Nachbarn und Bekannte, und es war, als ob ich nie weggewesen wäre, so vertraut wirkte alles. Und diese Vertrautheit tat mir gut, denn ich brauchte etwas Zeit, um meine Wunden zu lecken. Natürlich war ich verletzt, wütend, traurig. Ich fühlte mich hintergangen und betrogen, auch um meine Zukunftspläne. Meinem Vater schwante nichts Gutes, als er hörte, dass Michael die Buchhandlung in Hamburg nun alleine führte, und tatsächlich sollte es nicht lange dauern, bis er seine Bürgschaft endgültig abschreiben konnte und auch die »Buchbox« Geschichte war.

Das Telefon klingelte reichlich in den Tagen nach meiner Rückkehr. Manchmal waren das Anrufer, die Michael Geld geliehen hatten und sich nun bei mir beklagten, dass er es nicht zurückzahlte. Sein Freund Bernd Klosterfelde wollte vermittelnd eingreifen und schlug vor, dass ich nach Hamburg zurückkomme und es noch einmal mit Mike probiere. Und der gab natürlich auch nicht kampflos auf, wollte alles noch einmal durchsprechen, wiederholte gebetsmühlenartig, ich sähe das alles ganz falsch, pure Einbildung, da sei überhaupt nichts gewesen.

Und dann stand er eines Tages leibhaftig in der Ottostraße vor der Tür und trug mit viel Pathos in der Stimme seinen Wunsch vor, dass ich zurückkäme. Gut reden konnte er ja, aber ich habe mich nicht umgarnen lassen. Für mich gab es da nichts mehr zu kitten. Ich sagte ihm, er solle mich in Ruhe lassen und sich in Hamburg um Hund und Laden kümmern.

Nach einer kurzen Zeit des Selbstmitleids erwachten meine Lebensgeister wieder, die Kämpferin in mir meldete sich zurück. Wäre ja noch schöner, sich hier unterbuttern zu lassen, dachte ich und verspürte wieder Neugier auf die Herausforderungen, die das Leben zu bieten hatte. Ich reaktivierte alte Freundschaften wie die zu meinen Internatskameradinnen Barbara Weigmann, die inzwischen bei der Lufthansa arbeitete, und Elke Broosen, der angehenden Tierärztin. Wir redeten über die alten Zeiten und lachten viel. Elke vermittelte mir eine supergünstige Wohnung in der Victoriastraße in Schwabing (120 Mark Miete im Monat, das muss man sich heute mal vorstellen!), denn ich wollte unbedingt wieder eintauchen ins Münchner Geschehen.

Und schneller als gedacht hatte ich auch wieder einen neuen Job. Ein Freund meiner Eltern, ein Anwalt, war mit einer Nachlasssache betraut, der Auflösung einer Kunstsammlung. Die alten Stiche und Grafiken hatte der verstorbene Inhaber in einem Laden nicht weit vom Promenadeplatz angeboten. Dort sollte nun eine Buchhandlung eröffnet werden. Ob ich mir vorstellen könnte, sie einzurichten und als angestellte Geschäftsführerin zu leiten?

Und ob ich mir das vorstellen konnte! Ich brauchte nicht lange zu überlegen. Nach einer besseren Lage für eine Buchhandlung musste man lange suchen. Und meinem angekratzten Selbstwertgefühl tat es sehr gut, dass man mir so einen verantwortungsvollen Job überhaupt zutraute. Ich begriff, dass ich nach meiner dreijährigen Lehre und den Erfahrungen in der Pöseldorfer »Buchbox« kein unbeschriebenes Blatt mehr war. Das Wissen, dass ich – kaum 23 Jahre alt – auch in den Augen anderer Leute Ahnung vom Geschäft mit Büchern hatte, machte mich stolz. Vom Spaß an der Sache gar nicht zu reden. Allein schon die Vorbereitung und

Planung für diese »Bücherbox Propindus«, wie der neue Laden heißen sollte, waren unglaublich aufregend. Und später, als es um die Auswahl und die Bestellung der Bücher ging, war ich richtig glücklich. Ich war wieder gefordert – aber nicht überfordert.

Und in dem Maße, wie meine Hamburger Demütigung allmählich in den Hintergrund trat, tauchte ich wieder ein in mein früheres Münchner Leben. Mittags ging ich sogar wieder zum Schwimmen in den Bayerischen Hof. Dort hingen dieselben Typen im Becken herum, Falk Volkhardt nahm mich wie früher in die Arme, und natürlich war Tata voll des Lobes, dass ich dem Sport treu geblieben war.

*

Wer Erfolg im Geschäftsleben haben will, braucht nicht nur Begabung und Ehrgeiz, sondern auch gute Kontakte. Das war schon immer so und wird wohl auch immer so bleiben. »Vitamin B« heißt es heute oft abschätzig, wenn von guten Beziehungen die Rede ist. Aber was kann daran verwerflich sein, Kontakte zu knüpfen und zu pflegen? »Von Mensch zu Mensch, so spielt das Leben«, hatte Tata immer gesagt. Von ihm, einem ausgewiesenen Meister im Herstellen von Kontakten und Beziehungen, hatte ich gelernt, wie sie funktioniert, diese uralte Erfolgsregel. Und schnell begriff ich, dass sie auch und ganz besonders für die Buch- und Verlagsbranche gilt.

In dieser Branche bewege ich mich heute, nach über fünfzig Jahren Zugehörigkeit, mit einiger Sicherheit. Ich freue mich, auf Buchmessen oder anderen Veranstaltungen vertraute Gesichter wiederzusehen und mich im Kollegenkreis über neue literarische Strömungen auszutauschen. Ich liebe es, Verträge abzuschließen. Ich fühle mich als Teil einer großen Gemeinschaft, verpflichtet der Welt des geschriebenen Wortes.

In den frühen 1970er-Jahren stand ich voller Ehrfurcht und Respekt vor dieser Welt. Die dort das Sagen hatten (die Arbeit machten die Frauen), waren fast ausschließlich Männer, allesamt Leute mit guter Kinderstube, erstklassigen Manieren, beeindruckendem Wissen und umfassender Bildung. Meist Akademiker, logischerweise unglaublich belesen, witzig und charmant im Gespräch. Auch an Exzentrikern herrschte kein Mangel, wenngleich die Herren selten ein böses Wort verloren, man ging höflich miteinander um. Falls doch einmal eine Kontroverse ausgefochten werden musste, dann nicht mit verbissenem Ernst, sondern mit feiner Ironie und Lust an der geschliffenen Formulierung.

Dass ich in dieser respekteinflößenden und fremden Welt so schnell Fuß gefasst habe, verdanke ich meinem Fast-Schwiegervater, dem ich zutiefst dankbar bin für alles, was er für mich getan hat. Ich hatte ihn gleich nach meiner überstürzten Rückkehr von Starnberg aus angerufen, um mich zu verabschieden und auch noch einmal für die Spezialausbildung in Sachen Buchhaltung zu bedanken. Er hatte mir Glück für die Zukunft gewünscht und hinzugefügt: »Wann immer du einen Rat oder Hilfe brauchst, ich bin für dich da.«

Als die Gründung der »Bücherbox Propindus« anstand, bat ich ihn tatsächlich um seinen Rat. Und von da an telefonierten wir öfter miteinander. Eines Tages verkündete er im freundschaftlichen Befehlston am Telefon: »Es wird Zeit, dass du endlich die wirklich wichtigen Leute aus der Branche kennenlernst. Wir fahren zusammen auf die Buchmesse.«

Und so geschah es: In Frankfurt lernte ich Größen wie Georg von Holtzbrinck kennen, Konzernchef, Buchclubgründer und später Eigentümer großer Verlage wie Rowohlt, Fischer, Droemer. In Jimmy's Bar saß Felix Juds Freund Ledig Rowohlt, der dafür berüchtigt war, zu vorgerückter Stunde Gläser zu essen. Ich traute meinen Augen nicht, als er tatsächlich ein komplettes Sektglas verschlang und hinterher sagte: »Nur Idioten lassen das Beste stehen, den Stiel.«

Felix Jud ging mit mir über die Messe, zu den einzelnen Ständen, wo die Verleger mit den großen Namen ihre Gäste empfingen. Er stellte mich mit den Worten vor: »Hier ist eine junge Kollegin, Lianne Kolf. Wenn sie was braucht, darf sie sich doch sicher an euch wenden.« Auch mit großen Autoren machte er mich bekannt, mit Johannes Mario Simmel oder Gregor von Rezzori zum Beispiel, die sich sehr nett mit mir unterhielten, mit mir, der kleinen Buchhändlerin aus München.

Zwei, drei Jahre hat Felix Jud mich auf diese Weise in Frankfurt unter seine Fittiche genommen, sogar in die Suite, in der Holtzbrinck während der Messe im Frankfurter Hof logierte, durfte ich mit. Er, der oft so ruppig mit Leuten aus seiner Umgebung umsprang, war zu mir immer die Liebenswürdigkeit in Person.

Michael und den beiden Schwestern blieb das natürlich nicht verborgen, wie liebevoll und fürsorglich ihr Vater mich behandelte. Als er 1985 starb, baten sie mich, auf der Trauerfeier im Anglo-German Club an ihrer Seite zu stehen. So kondolierte man auch mir, als ob ich zur Familie gehörte. Das empfand ich als große Ehre. Diese bewegende Trauerzeremonie werde ich nie vergessen.

*

Mit Michael habe ich mich im Lauf der Jahre versöhnt, er wurde peu à peu zu einem guten Kumpel, wenn auch nicht zu einem der verlässlichen Sorte. Ich freute mich für ihn, als er Anfang der 1980er-Jahre einen beachtlichen Erfolg als Textdichter landen konnte: Die »Polonäse Blankenese«, komponiert von und unter dem Pseudonym Gottlieb Wendehals eher gegrölt als gesungen von Werner Böhm, stürmte damals die Hitparaden. Ein schräges Machwerk, durchsetzt mit Kalauern wie »Hier fliegen gleich die Löcher aus dem Käse« und Zoten wie »Wir ziehen los mit ganz großen Schritten, und Erwin fasst der Heidi von hinten an die – Schulter«, aber alles in allem nicht unwitzig. Der Song bescherte ihm vorübergehend einen warmen und dringend benötigten Tantiemenregen. Wenigstens eine Sache, die er im Leben richtig gut hinbekommen hat, dachte ich, wenn ich das Lied im Radio oder auf einer Party hörte.

KAPITEL 14

Waidmannsheil

Eines Abends saß ich mit meinem ehemaligen Schulkamerad Niki Buchheim – Neffe des Bestsellerautors (»Das Boot«) und späteren Museumsgründers Lothar-Günther Buchheim, mit dessen Sohn Yves ich auch heute noch sehr gut befreundet bin – in Feldafing in einem Gasthaus bei einer Flasche Wein. Wir hatten schon ein paar Gläser getrunken, als er verkündete, demnächst den Jagdschein machen zu wollen. Ob ich nicht Lust hätte, da mitzumachen?

Im ersten Moment dachte ich: Was für eine Schnapsidee. Im zweiten: Warum eigentlich nicht? Ich war schließlich nicht ganz unbeleckt, was das Thema Jagd betrifft. In meinem zweiten oder dritten Lehrjahr hatte mich der Juwelier Heinz Schmerber, den ich beim Schwimmen im Bayerischen Hof kennengelernt hatte, ein paarmal in die Jagdhütte von Ernst-Wilhelm Sachs, Bruder von Gunter Sachs, an der österreichischen Grenze mitgenommen. Es war jedes Mal faszinierend gewesen, eine gänzlich andere, eine reine Männerwelt. Sie genossen es, im grünen Zwirn, die Flinte über der Schulter und mit schweren Stiefeln durch den Wald zu stapfen. Aber, und das fand ich das eigentlich Interessante, sie verstanden nicht nur zu schießen, sondern hatten ein enormes Fachwissen zum Thema Wald und Tier. Ich hatte bis dahin nie selbst ein Gewehr in die Hand genommen, geschweige denn, damit geschossen; das durfte man nur mit Jagdschein.

Nach unserem weinseligen Abend meldete Niki uns zu einem Kurs an, Dozent war ein gewisser Herr Wurm. Außerdem hatte er einen befreundeten Nachbarn aus Feldafing zu diesem Kurs überredet. Bernhard von Loeffelholz, ein erfolgreicher und angesehener Banker. Wir drei büffelten also fleißig Jagdrecht, lernten schießen, versuchten, Tierlaute zu bestimmen, übten uns am Aufbrechen erlegter Tiere und all den anderen Dingen, die ein angehender Jäger sonst noch wissen muss. Niki bestand die Prüfung, doch Bernhard und ich scheiterten, ausgerechnet, beim Thema Vogeleier. Wir rasselten durch. Aber was war schon ein verlorener Jagdschein gegen eine gefundene große Liebe?

Denn das war sie tatsächlich, von Anfang an: eine große Liebe. Sie hat fast zehn Jahre angehalten, und selbst ein kleiner Schönheitsfehler konnte ihr nichts anhaben. Bernhard war verheiratet und hatte zwei Kinder. Die Familie lebte in Feldafing.

Bernhard war das, was man ein hohes Tier nennt:

Münchner Niederlassungsleiter der Dresdner Bank. Er galt als Protegé des Vorstandsvorsitzenden Jürgen Ponto, bei dem er in Frankfurt gearbeitet hatte, und man sagte ihm eine große Zukunft voraus.

Jeder kennt die Geschichten über Geliebte eines verheirateten Mannes, mit ihren immer gleichen Problemen, Versprechungen und Hoffnungen. Unzählige Romane und Filme gibt es zu diesem Thema, die letztlich immer dem gleichen Strickmuster folgen. Austauschbare Geschichten, die meist in großer Tristesse enden.

Diese Tristesse ersparten wir uns zum Glück. Zwischen uns war trotz des Altersunterschieds von 14 Jahren ein Zauber, der nicht verging, immer wieder genährt auch durch die vielen Reisen, die wir gemeinsam machten. Bernhard hat mir die Welt gezeigt und erfreute sich an meiner Begeisterung, sie mit ihm zu entdecken. Außer London und Hamburg, Rumänien und dem Engadin hatte ich ja noch nicht viel gesehen von dieser Welt.

*

Wir waren schon einige Jahre zusammen, als ein furchtbares Ereignis die Republik erschütterte und Bernhard einen Schock versetzte, unter dem er jahrelang litt und von dem er sich nur mühsam erholte: Im Sommer 1977 ermordeten RAF-Terroristen Jürgen Ponto, den Vorstandsvorsitzenden der Dresdner Bank, Bernhards Förderer und väterlichen Freund. Die Begleitumstände der Tat waren von kaum zu überbietender Perfidie. Susanne Albrecht, Tochter eines mit der Familie eng befreundeten Rechtsanwalts aus Hamburg, hatte sich zum Sonntagnachmittagstee bei den Pontos angekündigt. Die Familie wussten nichts von der Zugehörigkeit Albrechts zur Roten Armee Fraktion. Sie klingelte an der Pforte des Hauses in Oberursel, rief »Hier ist die Susanne« in die Gegensprechanlage und wurde arglos eingelassen. In ihrer Begleitung ein junger Mann und eine junge Frau, die sie als ihre Freunde ausgab: Brigitte Mohnhaupt und Christian Klar. Im Esszimmer überreichte Susanne ihrem Nennonkel Jürgen einen Strauß roter Rosen, seine Frau Inge hielt sich währenddessen noch in einem anderen Zimmer auf.

Wenig später zückte Klar eine Waffe. Es ist später viel spekuliert worden, ob von Anfang an geplant war, Jürgen Ponto zu erschießen, oder ob das Trio ihn entführen wollte, was aufgrund seiner Gegenwehr misslang. Es kam zu einem Handgemenge, in dessen Folge die Terroristen mehrere Schüsse auf Ponto abgaben. Er erlag wenige Stunden später im Uniklinikum Frankfurt seinen schweren Verletzungen.

Zwei Wochen nach der Tat veröffentlichte die RAF ein Bekennerschreiben, persönlich unterzeichnet von Susanne Albrecht. Deren Aufgabe war es gewesen, den Kontakt zur Familie herzustellen. Zuvor hatte es Anrufe bei Reuters gegeben, in denen die Freilassung aller

»politischer Kriegsgefangenen« gefordert wurde, ansonsten werde man weitere »Mitglieder der Ausbeuterklasse hinrichten«.

Für Bernhard war dieser 30. Juli 1977 der schlimmste Tag in seinem Leben. Lange gab es kein anderes Thema mehr für ihn. Zu seiner Fassungslosigkeit über die schändliche Tat kam die Angst um die eigene Familie. Jürgen Ponto war nach Siegfried Buback, dem damaligen Generalbundesanwalt, das zweite Opfer der »Offensive 77«, dem Auftakt zum blutigen »Deutschen Herbst«. Wenige Monate später sollten Terroristen auf Mallorca die Lufthansamaschine »Landshut« kapern und in Köln den Arbeitgeberpräsidenten Hanns Martin Schleyer entführen und später ermorden. Die Terrorwelle und das Klima der Angst, das sie erzeugte, war allgegenwärtig.

Als Inge Ponto und die Dresdner Bank noch im gleichen Jahr die Jürgen-Ponto-Stiftung zur Förderung junger Künstler ins Leben riefen, wurde Bernhard von seinen Aufgaben als Niederlassungsleiter in München abgezogen und zum geschäftsführenden Vorstand der Stiftung ernannt. Dieser Tätigkeit hat er sich bis zu seiner Pensionierung 1999 mit Leidenschaft gewidmet.

Das bedeutete allerdings auch, dass unsere Treffen weniger wurden, und unserer wunderbaren Beziehung nach und nach die Luft ausging. Wenn ich heute daran zurückdenke, tue ich das nicht ohne Wehmut, aber es war nicht zu ändern, und ich bin dankbar für die gemeinsame Zeit, die wir hatten. Und dafür, dass unsere Beziehung nicht in die klassische Zerfleischungsphase und Vorwurfsschiene gerutscht ist, wie das oft bei derartigen Beziehungen der Fall ist. Die Liebe hat sich davongeschlichen und bei uns beiden Platz für Neues gemacht. Bernhard lebt heute mit seiner zweiten Frau in Radebeul bei Dresden, ist in zahllosen kulturellen Einrichtungen aktiv und bekleidet Ehrenämter im Dutzend. Lange Zeit war er Präsident der Kulturstiftung des Freistaats Sachsen. Geblieben ist mir als wichtige Freundin Bernhards Cousine Verena von der Heyden-Rynsch, mit der ich viel schöne Zeit mit unserer gemeinsamen Freundin Ursula Haeusgen verbrachte. Verena adoptierte mich als ihre Cousine.

KAPITEL 15

Goldene Jahre

Nach anderthalb Jahren als angestellte Geschäftsführerin einer Buchhandlung machte ich eine er-
staunliche und durchaus schmeichelhafte Erfahrung:
Ich wurde abgeworben. Der »Headhunter« war in diesem Fall eine Kette von kleinen Buchhandlungen, die
unter dem Namen Lama firmierten. Die Läden waren
über die ganze Stadt verteilt, und man bot mir an, als
Geschäftsführerin eine Buchhandlung in der Tengstraße zu übernehmen, nicht weit entfernt von meiner
heutigen Wirkungsstätte. Ich nahm das Angebot an,
doch mehr als ein Jahr hat die Freude aber nicht gedauert, falls man überhaupt von Freude reden will; die
Arbeit dort fesselte mich nicht wirklich.

Ich hielt also wieder mein Ohr in den Wind und ver-
nahm den Lockruf eines Freundes: Till Waltz, ehemals
Rowohlt-Vertreter in Bayern, hatte sich inzwischen mit
einer Firma namens EPOG selbständig gemacht. Das
Kürzel stand für Entwicklungspolitische Buchgesell-

schaft, eine Versandbuchhandlung mit dem Schwerpunkt »Dritte Welt«. Ich hatte jede Menge Büroarbeit zu erledigen, und ich weiß noch, dass mich das auf Dauer langweilte. Till muss das gemerkt haben, und da er im Literaturbetrieb alle kannte, empfahl er mich dem Münchner Kurt Desch Verlag als Vertriebsleiterin.

Auf den ersten Blick war das eine Top-Adresse. Desch hatte nach dem Krieg als einer der Ersten eine Verlagslizenz von den Amerikanern erhalten und den Zinnen Verlag übernommen, den er später in Verlag Kurt Desch umbenannte. Im Programm waren deutsche und internationale Starautoren vertreten wie Oskar Maria Graf, Erich Kästner, Erich Maria Remarque, Pearl S. Buck, Jean Anouilh oder Alberto Moravia. Mit Hans Josef Mundt gab es einen sehr fähigen Verlagsleiter und Cheflektor, und wenn der nicht weggegangen wäre, um die Verwertungs- und Urheberrechtsgesellschaft VG WORT neu aufzustellen, hätte ich mir vorstellen können, noch länger bei Desch zu bleiben. Aber die Stimmung im Haus war schlecht, in der Vergangenheit hatte es einige Skandale um den Verlag gegeben, auch Rechtsstreitigkeiten wegen nicht gezahlter Autorenhonorare waren anhängig. 1973 verkaufte der namensgebende Herr Desch den Verlag, die beiden neuen Geschäftsführer, die nun das Sagen hatten, waren eher vom Stamm der Ahnungslosen. Immerhin lernte ich eine sehr nette Kollegin bei Desch kennen, die eine Freundin fürs Leben wurde, die Lektorin Ingeborg Castell. Sie hat mir später beim Aufbau meiner Agentur enorm viel geholfen. Und noch etwas habe ich meiner Zeit bei Desch zu verdanken. Ich hatte zum ersten Mal in einem richtigen Verlag gearbeitet und Blut geleckt. Wenn ich etwas wusste, dann dass meine nächste Station wieder ein Publikumsverlag sein sollte.

*

Es war ein perfekter Zufall, dass gleich um die Ecke in Nymphenburg, nicht weit vom Kanal, ein Verlag nach einer neuen Vertriebsleitung suchte: Molden, die deutsche Tochter des gleichnamigen Wiener Mutterhauses. Über meinen Freund Till Waltz kam die Verbindung zustande. Und so öffnete sich für mich am 1. November 1976 die Pforte zum Paradies, und ich durfte eintreten in die wunderbare Welt des Österreichers Fritz Molden. Vor mir lagen sechs goldene Jahre.

Vertriebsleiterin, mit gerade mal 28 Jahren. Meine Position war ziemlich einzigartig in der deutschen Verlagslandschaft. Bis auf eine Kollegin bei Langen-Müller, die kurz vor der Rente stand, war ich die einzige Vertriebsleiterin weit und breit. Im Allgemeinen traute man einer jungen Frau diesen Posten mit seiner großen Umsatzverantwortung nicht zu.

Ich war bei Molden zuständig für die Welt außer Österreich. Dafür war logischerweise die Wiener Mutterfirma verantwortlich. Dort hatte Fritz Molden 1964 den gleichnamigen Verlag gegründet. Nach dem Krieg hatte er als Presseberater der österreichischen Bundesregierungen gearbeitet und war später in die Fußstapfen seines Vaters Ernst getreten. Der war als Wiederbegründer und Verleger des Wiener Zeitungsverlages *Die Presse* einer der Größten seiner Zunft. Nach seinem Tod hatte Fritz das Ruder übernommen, sich dann aber mit einem eigenen Verlag einen langgehegten Traum erfüllt.

Mein Chef in München, Gert Frederking, ein allseits geachteter Kollege und Kenner des Marktes, war zum Leiter der deutschen Niederlassung befördert worden. In unserem Haus befanden sich Herstellung, Lektorat und Pressestelle und eben meine Abteilung, der Vertrieb mit etwa acht Leuten. Ich war fest entschlossen, mich zu behaupten, und voller Tatendrang und Ehrgeiz.

Einmal in der Woche kam unser Verleger zur Besprechung nach München, und ebenfalls einmal pro Woche mussten Gert Frederking, ich und einige Kollegen in Wien antanzen. Manchmal empfing Molden auch in seinem Wochenendhaus in Alpbach, dem »Schreiberhäusl«, das ihm sein Autor Arthur Koestler verkauft hatte. Dort tagte auch, einmal im Jahr, das von Moldens Bruder Otto geleitete Alpbach Forum für Politik und Wirtschaft.

Molden war der einzige international tätige Buchverlag aus Österreich – entsprechend großartig gestaltete Fritz Molden seinen unternehmerischen Auftritt aus. Er schaltete auffällige Werbekampagnen, damals ein absolutes Novum, und landete nur wenige Jahre nach der Verlagsgründung mit den Memoiren der Stalintochter Swetlana Allilujewa seinen ersten großen Coup. Die teuren Rechte hatte er in New York erworben, gegen namhafte Konkurrenten wie Rowohlt und Droemer.

Der größte Erfolg war 1970 »Der geschenkte Gaul« von Hildegard Knef, ein Riesenbestseller. Moldens Satz »Ein Bestseller schmeckt besser als Kaviar oder Champagner oder beides zusammen«, wurde zum geflügelten Wort. Molden veröffentlichte »Papillon«, den Roman des Exsträflings Henri Charrière, dem es gelungen war, von der französischen Festung »Teufelsinsel« zu entkommen (später verfilmt mit Steve McQueen und Dustin Hoffman) und »Der Pate« von Mario Puzo. Zwei Werke, deren Rechte er ausnahmsweise für einen Apfel und ein Ei erstanden hatte. Für 5000 Dollar, während es bei der Knef schon eine Viertelmillion gewesen war. Molden hatte eine Vorliebe für große politische Führer und setzte mit sicherem Instinkt auf die Autobiografien des österreichischen Bundeskanzlers und Nadelstreifen-Sozialisten Bruno Kreisky und des französischen Staatspräsidenten Charles de Gaulle. Aber oft waren die Bestseller Importe, vor allem aus den USA.

Ich habe selten einen Menschen getroffen, der so begeisterungsfähig war und es gleichzeitig vermochte, diese Begeisterung auf andere zu übertragen, wie Fritz Molden. Überall auf der Welt hatte er sogenannte Scouts postiert, ein weiteres Novum, um den dortigen

Buchmarkt zu beobachten und Neuerscheinungen auf ihre Tauglichkeit für den deutschsprachigen Markt hin abzuklopfen. In New York zum Beispiel saß damals ein sehr erfolgreicher weiblicher Scout namens Ursula Bender, die später, nach dem Tod von Dagmar Henne, lange die Geschicke der Literarischen Agentur Agence Hoffman leiten sollte.

Molden, dieser wunderbare, kreative Wiener hat uns alle mitgerissen und motiviert. Selbst seine Impulsivität nahmen wir ihm nicht übel. Wenn man ihm in einer Konferenz widersprach und eine Sache ganz anders bewertete, als er es gerade getan hatte, konnte es passieren, dass er losdonnerte: »Sie sind entlassen!« Woran er sich aber selbst nach kurzer Zeit schon nicht mehr erinnerte. Mit einiger Erfahrung nahm man seine Wutausbrüche und Drohungen nicht weiter ernst und blieb ruhig sitzen, auch wenn er einem gerade noch die Tür gewiesen hatte. Wir verbuchten diese Polterei unter der Rubrik: charismatische Führungspersönlichkeit, aber eben mit Ecken und Kanten. Wir liebten ihn, wir folgten ihm, und wir lernten von ihm. Ich bewunderte besonders seine Fähigkeit, spannende und witzige Geschichten über Bücher zu erzählen, die er noch gar nicht gelesen hatte. Kollegen, die ihn auf internationalen Auktionen erlebten, waren voll des Lobes über seine Performances.

Ich hatte in meinem Bereich richtig gut zu tun, und je mehr es wurde und je mehr Pflichten man mir übertrug, umso fesselnder war es und umso süchtiger wurde ich nach noch mehr. Eine solche Fülle an Aufgaben hatte ich noch nie zu bewältigen gehabt. Es war spannend und oft stressig, aber ich mochte keinen Tag davon missen. Ich war zuständig für den Molden Verlag, für Molden Taschenbuch, die Molden Edition und, als Dienstleister, für den Vertrieb von *Time Life*. Der amerikanische Medienkonzern hatte 1975 eine Niederlassung in München eröffnet, die Christian Strasser damals leitete. Noch so eine Größe in der deutschen Verlagslandschaft, der ich während meiner Zeit bei Molden zum ersten Mal begegnet bin. Christian wurde später Vice President International von *Time Life* und machte sich 1990 als Verleger selbständig. Bis zu ihrer Zerschlagung 2003 leitete er die zweitgrößte Verlagsgruppe Deutschlands, mit Schwergewichten wie Ullstein, Econ und Heyne.

Zu meinen Aufgaben bei Molden gehörte es, den Einsatz der Vertreter zu steuern, Buchhandlungen zu betreuen und mich auf den Jahrestagungen der Versand- und Bahnhofsbuchhändler in Badeorten wie Timmendorfer Strand sehen zu lassen. Ich musste mit ebendiesen Versand- und Bahnhofsbuchhändlern trinken, tanzen, ins Spielcasino gehen und sie manchmal auch ins Bordell begleiten.

Die Sahnehäubchen in meinem Alltag aber waren die Lesereisen mit bekannten Autoren. Ich nannte das »auf Tournee gehen«, denn diese Reisen, die in Absprache mit den Buchhandlungen und unserer Presseabteilung organisiert werden mussten, konnten – mit

Unterbrechungen – mehrere Wochen umfassen. Wenn ich zurückkam, bedauerte ich manchmal, nicht selber Schriftstellerin geworden zu sein, so viele witzige Erlebnisse hätte es zu erzählen gegeben.

Monatelang war ich zum Beispiel mit dem in den 1970er-Jahren unglaublich erfolgreichen Bestsellerautor, Exchirurgen und Befürworter der aktiven Sterbehilfe Julius Hackethal (»Keine Angst vor Krebs«) unterwegs. Der Ansturm seiner Leser – man könnte auch sagen: seiner Jünger – war so groß, dass die herkömmlichen Buchhandlungen nicht ausreichten. Bis zu zehntausend Besucher rückten zu den Lesungen mit anschließender Signierstunde an, um Hackethal zu lauschen. Wir mussten riesige Säle anmieten.

Ähnlich umjubelt war die Leserreise mit dem amerikanischen Starmusiker Leonard Bernstein, dessen gesammelte Harvard-Vorlesungen Molden als Buch plus Kassette mit Musikbeispielen herausbrachte (»Musik, die offene Frage«). Ich selbst hatte Bernsteins Musical »West Side Story« während meiner Zeit in London gesehen. Großzügig gesponsert von meinem Freund Alexander Knorr.

In Wien hatte sich Molden richtig ins Zeug gelegt und Schloss Leopoldskron als Kulisse ausgewählt, in Salzburg wurde im Goldenen Hirsch getafelt. Alles vom Feinsten für den charismatischen Künstler, der mit einer Entourage hübscher Jünglinge reiste – hier ein schmucker Knabe aus Japan, dort ein blondgelockter Amerikaner. Auch in Deutschland logierten wir in den ersten Häusern, wo er nach Mitternacht, die Veranstaltungen waren längst zu Ende, gerne noch Rühreier bestellte. Und wenn man sich endlich auf sein Bett freute nach einem anstrengenden Arbeitstag, sagte er: »Jetzt spiele ich euch noch ein bisschen was auf dem Klavier vor.« Das »bisschen« waren mindestens zwei Stunden. Seine Energie war so unerschöpflich, dass ich mich fragte, wie er das ohne Hilfsmittel hinbekam.

1979 erschien bei Molden die deutsche Übersetzung von Sophia Lorens Autobiografie »Leben und Lieben«. Die schöne Römerin kam zum Signieren und für diverse Presseinterviews angereist. Überall Riesentrubel, das KaDeWe in Berlin war so von Fans umlagert, dass die Eingänge gesperrt werden mussten. Wer aber eine zickige Diva erwartet hatte, sah sich getäuscht. Die Frau war völlig unkompliziert und alles andere als von oben herab. Gleich bei unserem ersten Zusammentreffen hielt sie mir einen kleinen Vortrag: »Lianne, cara mia«, sagte sie, »ich mache alles mit, was du sagst – unter einer Bedingung: Ich esse immer allein. Immer. Ich möchte weder mit einem Buchhändler noch mit einem Journalisten oder mit irgendjemandem vom Verlag essen.« Ich dachte, wenn's weiter nichts ist, und arrangierte alles in ihrem Sinne. Die große Loren, der Weltstar, tat überhaupt gern Dinge allein, für die andere eine ganze Entourage brauchten. Sie reiste ohne Maskenbildnerin oder Friseur, das übernahm sie alles selbst. Ich war schwer beeindruckt.

Sehr lustig war's mit Peter Ustinov, der aus seinem Buch »Ach du meine Güte. Unordentliche Memoiren« lesen sollte. Die Tournee begann in München. Ustinov wohnte im Bayerischen Hof und wollte am Vormittag vor der Lesung ein paar Runden im Schwimmbad drehen, hatte aber seine Badehose vergessen. »Kein Problem«, sagte ich, »ich geh eben rüber zu Lodenfrey und kaufe Ihnen eine neue. Welche Größe haben Sie denn?« Er strich sich über seinen gewaltigen Bauch und war etwas ratlos. Also besorgte ich mir eine Schnur, maß damit seinen Leibesumfang und machte einen Knoten an die entsprechende Stelle. Bei Lodenfrey wurde die Schnur an ein Zentimetermaß gehalten, und wenig später zog der immer zu Späßen aufgelegte Peter Ustinov in neuer Badehose seine Bahnen.

Auf derselben Tournee, in Hannover, kam der Inhaber der Buchhandlung, in der Ustinovs Lesung stattfinden sollte, in seinem Jaguar-E-Type vorgefahren, um den Weltstar höchstpersönlich vom Hotel abzuholen. Ich sollte mit dem Taxi hinterherkommen. Als ich vor der Buchhandlung eintraf, versuchte der Mann verzweifelt, seinen schweren Gast aus dem Jaguar zu ziehen. Es war vergebens, er blieb immer wieder stecken. Ich trommelte ein paar Leute zusammen – die einen zogen von außen, die anderen schoben von innen –, und schließlich gelang es uns in einem gemeinsamen Kraftakt, Peter Ustinov aus dem engen Luxuswagen zu zerren. Dem war das überhaupt nicht unangenehm oder gar peinlich, obwohl eine ganze Reihe Passanten das Spektakel neugierig verfolgt hatte. Er lachte wie über einen guten Gag und lieferte anschließend eine makellose Performance ab.

Weit weniger witzig war es mit dem großen Witzbold Rudi Carrell. Der war im Umgang eher das, was man ein Ekelpaket nennt. Seine Autobiografie trug den Titel »Gib mir mein Fahrrad wieder«, und in etwa so übellaunig, wie das schon klingt, war er die meiste Zeit. Er war zynisch und arrogant und nervte mich schnell mit Kalauern wie: »Lianne, wann gehen wir denn endlich kolfen?« Endgültig schlechte Laune bekam er, als Fans zu seinen Lesungen aufkreuzten, mit kaum mehr als ein paar Mark in der Hand. Das waren Leute, die noch nie in ihrem Leben ein Buch gekauft hatten und überhaupt nicht wussten, was so etwas kostet. Es machte ihn halb wahnsinnig, solche Ignoranten als Fans zu haben. Nach der Reise mit Carrell bin ich zu meinem Chef gegangen und habe eine kleine Härtezulage erbeten. Die habe ich auch bekommen.

Ein Riesenerfolg für Molden war »Die Dornenvögel« von Colleen McCullough. Der Roman aus dem Jahr 1977, in dem es um die Liebesgeschichte zwischen der Farmerstochter Meggie und dem Priester Ralph de Bricassart ging, wurde ein Welterfolg. Molden hatte die deutschen Rechte erworben. Die Autorin, eine australische Krankenhauslaborantin, hatte das Buch nach Feierabend geschrieben. Sie kam nach Europa, zum Lesen und Signieren, und ich betreute sie während ihrer Zeit in Deutschland, wo sie auch die Frankfurter Buchmesse besuchte. Eine unglaublich nette und sympathische Person, wohlbeleibt, um es mal vorsichtig auszudrücken, was möglicherweise daran lag, dass sie sich immer Unmengen von Zucker in die Kaffeetasse schüttete. Was sie an Deutschland am meisten interessierte, waren die bayerischen Königsschlösser. Also reiste ich mit ihr in Bayern herum und führte sie durch Neuschwanstein, Linderhof und Herrenchiemsee. Einmal, wir saßen bei Kaffee und Kuchen, fragte ich sie, was sie mit ihrer ersten Million gemacht habe. Sie sagte: »Ich liebe Wälder mit möglichst vielen verschiedenen Bäumen drin, und genau so einen habe ich mir gekauft.« Was sie mit der zweiten Million gemacht hat, weiß ich leider nicht. Aber die Verfilmung mit Richard Chamberlain, ein absoluter Straßenfeger in den Achtzigern, dürfte noch einmal jede Menge Geld in die Kasse gespült haben.

*

Wie in allen Verlagen und literarischen Institutionen, war natürlich auch bei Molden die Frankfurter Buchmesse das bedeutendste Ereignis des Jahres. Das Topevent war dabei das Abendessen für Buchhändler, Lizenznehmer weltweit, Autoren und Presseleute. An die 350 Gäste waren geladen, immer im Frankfurter Hof, wo wir auch wohnten. Eine hochdramatische Angelegen-

heit war die Erstellung der Gästeliste und die Tischord-
nung. Wer sitzt neben wem? Wer passt gut zusammen?
Bei welchen Paarungen gibt es garantiert Ärger? Darf
man einen Autor neben einen Kritiker setzen, der ihn
vorher harsch verrissen hat? Die bedauernswerte Kollegin in Wien, zuständig für diese protokollarischen Fi-
nessen, alterte bei jeder Messe um zehn Jahre. Immer
wenn jemand absagte, musste sie von vorne anfangen.

Ein normaler Arbeitstag auf der Buchmesse begann
für uns mit dem Verleger-Frühstück um acht Uhr. Zum
Auftakt wurden wir reihenweise dafür beschimpft, was
wir am Vortag alles falsch gemacht hatten. Dann fragte
Molden uns ab wie in der Schule: »Was machen Sie
heute?«, »Mit wem sprechen Sie als Erstes am Stand?«
Und dann kam er zu seinem Lieblingsthema, der Frage,
die ihn am allermeisten umtrieb: »Haben wir noch
genug Sachertorten am Stand?« Von diesen Törtchen,
für die seine Heimatstadt so berühmt ist, ließ er immer
hunderte speziell für die Messe backen. Und er erzählte
gerne, wie sich Henry Kissinger einmal eine ganze Sa-
chertorte einverleibte. Genutzt hat es nicht viel, dessen
Memoiren erschienen später bei Bertelsmann.

Dann schwenkte er abrupt zu einem ganz anderen
Thema über. Er habe gestern gesehen, dass der Molden-
Hausautor Soundso sich längere Zeit am Stand von
Lübbe aufgehalten habe. Mit vorwurfsvollem Unter-
ton in der Stimme: »Was steht der denn so lange bei
Lübbe herum? Fühlt der sich bei uns vielleicht nicht

mehr wohl? Habt ihr euch nicht genügend um ihn gekümmert? Wer hat zuletzt mit ihm gesprochen?« Und
so ging das weiter, bis wir endlich in die Messehallen
entlassen wurden.

Am Messestand hieß es dann den ganzen Tag Gespräche führen, Fragen beantworten, Verabredungen treffen,
Kontakte pflegen. Alles spannend, aber auch wahnsinnig anstrengend. Abends dann verschiedene Verabredungen zum Essen, wieder reden, reden, reden. Und anschließend ab an die Bar. Ich war meistens mit Christian
Brandstätter unterwegs, der in den Achtzigern dann seinen eigenen Verlag in Wien gründete, noch aber zuständig für die Molden-Edition war. In der Bar tummelten
sich alle, die irgendetwas mit Büchern zu tun hatten.
Es wurde viel gelacht, mit jedem Glas ein bisschen lauter, und wenn Fritz Molden, der ein paar Tische weiter
weg saß, uns lachen hörte, schaute er manchmal kritisch auf die Uhr. Aber letztlich wusste er ja, dass wir
zwar nächtelang durchfeierten, doch dabei auch noch
gute Geschäfte machten. Und so mancher große Deal
wurde nicht tagsüber in den eher nüchternen Messehallen geschlossen, sondern nachts an der Hotelbar zwischen nicht mehr ganz so nüchternen Verlegern, Autoren und ausländischen Agenten.

Wenn ich heute auf der Buchmesse mitbekomme,
wie sich zwei gertenschlanke durchtrainierte Verlags-
leute für morgens um sechs zum Joggen verabreden,
wenn ich sehe, wie sie am kalten Büfett an einem Sa-

latblatt knabbern und auf dem Stehempfang vorsichtig an einem Achtel gespritztem Weißburgunder nippen – dann spätestens verstehe ich, was Bob Dylan gemeint haben muss, als er sang: »The Times, They Are A-Changing.«

Klar, Feiern und Frohsinn ist nicht alles im Leben, und gerechterweise muss ich anmerken, dass die eigentliche Zeitenwende schon vor vierzig Jahren eingesetzt hat, und zwar mit Wucht. Damals begann die Ära, in der die großen Verleger abtraten. Einige kapitulierten vor den immer mächtiger werdenden Konzernen, sie verkauften und konnten noch schnell Kasse machen, oder schlüpften unter das Firmendach eines großen Multis.

Ich erinnere mich noch, wie die Chefs solcher Häuser wie Molden, Scherz, Econ und Rowohlt die sogenannte »Brenner Gruppe« ins Leben riefen. Der Name leitete sich ab vom berühmten Hotel in Baden-Baden. Das hatten sie zu ihrem Versammlungsort erkoren, und dort beschlossen sie, sich gegenseitig zu informieren, wenn es um eine große internationale Bestsellerauktion ging. Aber ein Verlag nach dem anderen wanderte ab zu den Konzernen. Und dann passierte etwas, mit dem wir nie gerechnet hatten. Molden, der gerne ins Risiko ging und hohe Vorschüsse zahlte, hatte sich verhoben, und der Verlag schlitterte 1982 in den Konkurs.

Wir waren pleite, trotz der vielen Bestseller der vergangenen Jahre. Eine Erfahrung, die man niemandem wünscht. Weder der Firma und ihrem Inhaber selbst noch den dort arbeitenden Leuten. Fast alle der 25 Angestellten in München hielten bis zum Schluss die Stellung. Aber wenige Monate nach der Muttergesellschaft ging auch bei uns in München das Licht aus. »Unseren Fritz« haben wir damals kaum noch gesehen. Um die fälligen Monatsgehälter zahlen zu können, verkaufte er seine Lebensversicherung. Ein Großteil der Buchrechte ging an Bertelsmann, Molden selbst verlor seinen gesamten Besitz. Selbst das Sofa aus dem Wohnhaus haben sie ihm quasi unter dem Hintern weggerissen. Von heute auf morgen hatte er kein Auto mehr. Sein Fahrer chauffierte ihn im privaten VW, damit er nach Paris zur Beerdigung seiner Tochter, die jung gestorben war, fahren konnte. Das Einzige, was ihm blieb, war Koestlers ehemaliges Schreiberhäusl in Alpbach, das er lange vor dem Konkurs seinem »Hannerl« geschenkt hatte und in dem seine Witwe noch heute lebt. Dort schrieb er auch seine Memoiren, verlegt von Hoffmann & Campe, »Der Konkurs – Aufstieg und Fall eines Verlegers«.

Es gab Leute aus der Branche, für die es ein Konkurs mit Ansage gewesen war. Die ihn für die Amerikanisierung des Literaturbetriebs kritisiert hatten, für seine berüchtigten Schnellschüsse und die hohen Vorschüsse. Für Molden war es wie alles, das er anpackte, wenn schon, denn schon: ein »Untergang im Karacho«, wie er im Rückblick schrieb.

TEIL IV
DIE AGENTUR

»Wissen Sie Frau Kolf, nur die ersten 15 Jahre sind für eine Agentur ein Problem. Danach wird's besser.«

KAPITEL 16

»Lianne, was machen wir jetzt?«

Während im Radio Nicoles »Ein bisschen Frieden« rauf und runter dudelte, war mir alles andere als friedlich zumute. Ich war 33 Jahre alt und ohne Job. Die Bank hatte nicht lange gefackelt und mir die Kreditlinie, damals üblicherweise in Höhe von zwei Monatsgehältern, gleich gestrichen. Ganz der Papa war ich nicht gerade ein Sparfuchs. Eine allzu lange Arbeitslosigkeit konnte ich mir also nicht leisten. Und die stand eigentlich auch nicht zu befürchten, schließlich war (und ist) München nach New York die Stadt mit den meisten Verlagen. Irgendwo würde es schon ein neues Plätzchen für mich geben.

Tatsächlich bekam ich schnell mehrere Angebote, mein Ruf als jüngste Vertriebsleiterin Deutschlands, die ihren Job auch ganz gut gemacht hatte, schien sich herumgesprochen zu haben. Nur: Für mich klang das alles nicht sehr verlockend, ich wollte nicht noch einmal die gleiche Aufgabe übernehmen, nur unter einem anderen Dach. Der entscheidende Anstoß, neue Wege zu beschreiten, kam dann von Christian Brandstätter, meinem engsten Freund bei Molden. Er hatte in der Zentrale in Wien die Molden Edition, also den Kunstbuchbereich und die Grafiken betreut, die er aus der Konkursmasse herauslösen konnte. Damit war die Sache für ihn klar: Er würde sich selbstständig machen und seinen eigenen Verlag gründen. Und ich sollte von Deutschland aus die Pressearbeit und den Vertrieb übernehmen. Gesagt, getan.

Aber dann klingelte immer häufiger das Telefon. Am Apparat waren ehemalige Molden-Autoren, wie der Weltumsegler Rollo Gebhard oder Toni Meissner, Journalist und Ghostwriter von Julius Hackethal, die mich fragten: »Lianne, was machen wir jetzt? Wir brauchen einen neuen Verlag! Du musst uns helfen.«

Ein eigener Verlag war für mich keine Option. Durch den Molden-Konkurs hatte ich erlebt, welcher Mühlstein um den Hals große Lagerbestände sein können, wenn es finanziell eng wird. Der Konkursverwalter hatte nur gesagt: »Schade um das viele Papier, das wäre so viel wert, wenn es nicht bedruckt wäre.« Ein Verlag ist nicht nur eine Sache, die viel Herzblut verlangt (das hätte ich gehabt), sondern noch mehr Kapital. Und das hatte ich definitiv nicht.

Aber vielleicht könnte ich den Autoren ja wenigstens bei der Suche nach einem neuen Verlag helfen. Doch wie sollte das organisiert werden, eine eigene Agentur?

An eine GmbH war gar nicht zu denken, dazu fehlte mir das Kapital. Aber irgendwann sagte ich mir: »Okay. Ich probiere das einfach mal aus.« Schließlich wollte ich ja auch nicht mein ganzes Leben lang Vertrieb machen.

Ich ging zum Gewerbeamt und ließ für gerade einmal 18 Mark meine neue Firma eintragen: Die Verlagsagentur Lianne Kolf. Ich war Unternehmerin, ein echter Kaltstart, denn ich hatte absolut keine Ahnung, was ein Agent eigentlich alles macht. Und so unspektakulär entstand die erste literarische Agentur für deutschsprachige Autoren.

Natürlich gab es auch damals schon Agenturen im deutschsprachigen Raum. Einige der renommiertesten hatten ihren Sitz in Zürich: die Agentur Liepman zum Beispiel, 1949 im Hamburg gegründet von der großen Ruth Liepman-Lilienstein und ihrem Mann Heinz, und 1961 in die Schweiz übergesiedelt. Ein Jahr später hatte Paul Fritz mit einigen Mitstreitern seine Agentur gegründet, die seit 1983 als »Paul & Peter Fritz AG« firmiert. Auch Mohrbooks residierte seit den 1950er-Jahren in Zürich. Das waren aber schwerpunktmäßig Ko-Agenturen von ausländischen Agenturen und Verlagen, die die Deutschland-Rechte von amerikanischen, englischen, französischen oder italienischen Autoren verkauften. Nur ganz vereinzelt betreuten sie auch die Rechte an deutschsprachigen Werken, wie zum Beispiel die Agentur Liepmann an den Tagebüchern der Anne Frank.

Dass deutsche Autoren, die sich von Agenten vertreten ließen, damals eine Ausnahmeerscheinung waren, lag vor allem daran, dass die Verlagslandschaft noch ganz anders aussah, als wir sie heute kennen. Es existierten kaum Konzernstrukturen, der engagierte und umtriebige Verleger war die dominierende Gestalt der Buchbranche. Persönlichkeiten wie Willy Droemer, Siegfried Unseld, Daniel Keel oder Heinrich Maria Ledig-Rowohlt, Klaus Piper, Rolf Heyne und Rudolf Streit-Scherz kümmerten sich persönlich um ihre Autoren, ganz egal, um welches Problem es sich handelte. Dementsprechend groß waren die Widerstände, auf die ich als hoffnungsvolle Jung-Agentin stoßen sollte. Wenn ich mit meinen Molden-Autoren zu ihnen kam, war die Reaktion immer die gleiche. »Das finden wir ganz toll, wenn es den Molden-Autoren gut geht, aber ein Agent für deutschsprachige Autoren ist so nützlich wie ein Kropf.« Den zarten Hinweis, dass im englischsprachigen Raum nur derjenige Autor keinen Agenten hat, der nichts taugt, fanden sie eher anmaßend.

Mir wurde schnell klar, dass hier noch eine Menge Überzeugungsarbeit geleistet werden musste. Und tatsächlich war ich in den ersten Jahren mehr damit beschäftigt, mich für meine Agententätigkeit zu rechtfertigen als über Inhalte zu reden. Vom Geldverdienen ganz zu schweigen. Heute gibt es an die 250 literarische Agenturen in Deutschland – damals stand ich als Pionierin allein auf weiter Flur.

Gut, dass sich wenigstens über den Vertrieb der Gra-

fik-Blätter und die Pressearbeit für Brandstätter mein
Konto so weit füllte, dass ich im Herbst 1982 einen
kleinen Bankkredit aufnehmen und so die Kaution in
Höhe der ersten drei Monatsmieten stemmen konnte –
für zwei Räume im zweiten Stock über der legendären
»Rialto«-Eisdiele in der Schwabinger Leopoldstraße.
Mitbenutzung des Kopierers und der Teeküche inklu-
sive. Viel stand in diesem ersten Büro nicht: ein Schreibtisch, drei Stühle und ein Telefon. Bis in der Agentur
überhaupt ein Faxgerät Einzug hielt, sollte es noch eine
ganze Weile dauern.

*

Im Jahr nach meiner Agenturgründung sorgte der vermeintliche Fund der Hitler-Tagebücher für Schlagzeilen.
Der *Stern* blätterte für die insgesamt 62 Bände 9,3 Millionen Mark auf den Tisch. Gerd Heidemann, Repor-
ter beim *Stern*, hatte wegen angeblich »sensationeller
Enthüllungen aus dem Dritten Reich« schon bei Molden vorgesprochen. Weil dem die Garantiezahlung zu
hoch gewesen war, blieb ihm wenigstens die Schmach
erspart, die gefälschten Memoiren von »Führer Hitler« veröffentlicht zu haben. Mit den Buchstaben »FH«
hatte Konrad Kujau, der hinter dem Machwerk steckte,
nämlich die Bände versehen. Selbst renommierte Histo-
riker saßen dem Schwindel auf, bis eine Papieranalyse
die vermeintliche Sensation zum Platzen brachte.

1983 war auch das Jahr, in dem TV-Serie »Monaco Franze – der ewige Stenz« mit Helmut Fischer in der Titelrolle nach zweijähriger Produktionszeit im Bayerischen Fernsehen ausgestrahlt wurde. Regie führte Helmut Dietl, der mit meinem Schulfreund Mandi Hausenberger schräg gegenüber von meinem Büro wohnte. Und weil ich mehr Zeit bei Mandi und Helmut verbracht hatte als in meiner eigenen Wohnung, war ich inzwischen ganz in diese Wohngemeinschaft am Nikolaiplatz eingezogen.

Die Geschichten aus dieser Zeit würden ein ganzes Buch füllen. Die Jungs sprühten vor Kreativität und Ideen, aber vor allem Mandi war immer knapp bei Kasse. Als ich einzog, sah es in der Wohnung furchtbar aus, eine richtige Junggesellenwirtschaft. Ich sagte zu Mandi: »Mensch, du kommst doch aus einem guten Haus mit tollen alten Möbeln, das gibt's ja nicht, dass hier alles so spartanisch und ungemütlich ist.«

Als ich eines Abends von der Arbeit kam, war die Wohnung plötzlich voll möbliert. Mit gemalten Möbeln. Mandi, der sehr gut zeichnen konnte, hatte sich einen dicken Filzstift gegriffen und die weißen Wandflächen bemalt. Damit auch jeder wusste, was da jetzt zu sehen war, beschriftete er die einzelnen »Möbelstücke«. Und so kamen wir zu einer »Barockkommode«, einem »Sekretär« und einigen anderen Dingen.

Und New York wäre dank Mandi beinahe zu einer neuen Freiheitsstatue gekommen. Eines Abends erzählte er uns, Edward »Ed« Koch, der Bürgermeister, habe ihn wegen eines neuen Entwurfs angerufen. »Du spinnst doch«, war unsere Reaktion. Aber er schwor Stein und Bein, dass das stimmte, arbeitete monatelang an diesem Projekt, bekam es aber nicht hin. Ich war irgendwann so genervt, dass er nichts in unsere WG-Kasse gab, dass ich irgendwann sagte: »Lass uns doch jetzt mal mit der Scheißfreiheitsstatue in Frieden. Ich kann das Geld auch gleich zum Fenster rauswerfen!« Mandi war außer sich. »Du kannst mich doch jetzt nicht hängenlassen. Der Ed hat schon angerufen und gesagt: Ship it over! Ich spring aus dem Fenster, wenn du mir nicht länger hilfst.« In diesem Augenblick kam Helmut rein und sagte trocken: »Mach ihm's Fenster auf. Wenn er runterspringt, ditscht er einmal auf und kommt gleich wieder hoch.«

Mandi und seine Ideen – Hirngespinste und wishful thinking … Doch es wurde immer noch voluminöser. Als Nächstes entwarf er ein neues Auto, weil er fand, dass die Modelle auf dem Markt alle gleich aussähen. Zentnerschwere Grafikschränke und allerlei technisches Gerät wurde angeschafft und in die Wohnung geschleppt, und Jakob Fingerhut, ein Freund, der bei BMW arbeitete, sollte dabei helfen, den Entwurf umzusetzen. Ein ordentlicher jüdischer Name wurde gesucht und gefunden – »Schmendrik« – und Moses Moroder, Musiker und Bildhauer, entwarf mindestens dreißig verschiedene Kühlerfiguren. An einem Abend bekam ich einen richtigen Wutanfall wegen all dieser Luftschlösser. »Mandi, jetzt hab ich wirklich die Schnauze voll, lass mich mit dem Schmendrik in Ruhe und mach endlich was, womit du Geld verdienst!«

»Fuschi, du hast ja so recht. Weißt du, was ich heute Nachmittag entschieden hab? Ich lass das mit dem Auto und entwerfe stattdessen ein neues Wasserflugzeug!«

Der Kontrast zwischen der Welt in meiner WG und meinem Alltag hätte kaum größer sein können. Dort war ich umgeben von schrägen Vögeln und ihren Ideen, hier war ich damit beschäftigt, eine Vertreter-Mannschaft für Brandstätter aufzubauen und Pressearbeit zu machen, für die ersten Erfolgstitel des jungen Verlages: »Die Schrecken des Eises und der Finsternis« von Christoph Ransmayr zum Beispiel oder die Publikationen zur Wiener Werkstätte und Thonet. Das erste Programm stand ganz im Zeichen der Wiener Kunst und Kultur der Jahrhundertwende. Und dann kam noch ein weiterer »Brotjob« dazu: Die Vertriebsarbeit für den Walter Verlag in der Schweiz, der nicht nur die gesammelten Werke von C. G. Jung im Programm hatte, sondern auch die populäre Psychologin Verena Kast, den Theologen Eugen Drewermann und Franz Alt.

Abends war ich, wie in guten alten Zeiten, auf der Piste. Unsere WG ging beinahe jeden Abend zum Essen ins »Romagna Antica« in der Elisabethstraße, jenem Lokal, dem Helmut Dietl mit »Rossini« später ein filmisches Denkmal setzte. Und danach ging es weiter in einer der vielen Schwabinger Bars und Kneipen, oder, mit Freunden, in die Wohnung am Nikolaiplatz. Oft mit dabei war auch Christine Kaufmann, die beim »Monaco Franze« als Olga glänzte und die ich später als Autorin vertreten habe, und der Filmproduzent Jürgen Dohme mit seiner Frau. Und dann gab es noch einen weiteren regelmäßigen Gast am Nikolaiplatz: Meinen Schulfreund Patrick Süskind, der zusammen mit Helmut Dietl und Franz Geiger das Drehbuch für »Monaco Franze« geschrieben hatte. Und mit ihm fing mein Agentenleben dann so richtig an.

KAPITEL 17

Mit besten Grüßen

Patrick beauftragte mich damit, die Buchrechte für sein Theaterstück »Der Kontrabass« anzubieten. Ich klopfte bei unzähligen Verlagen in Deutschland an, nur leider wollte es keiner veröffentlichen. Erst bei Diogenes in der Schweiz hatte ich Erfolg.

Es war Anfängerglück – und Anfängerpech zugleich. Ich hatte mir zwar schon von einem Urheberrechtsanwalt einen Standardvertrag aufsetzen lassen, der die Zusammenarbeit zwischen Autor und Agentur regelt, und, ganz wichtig: die Provisionspflicht. Allerdings hatte ich den Agenturvertrag nicht von Patrick Süskind unterschreiben lassen, bevor ich mit seinem Buch hausieren ging. Ich war davon ausgegangen, dass das auch nicht nötig sei, da wir ja seit gut zwei Jahrzehnten eng befreundet waren. Aber er dachte nicht im Traum daran, die mir zustehende Vermittlungsprovision zu bezahlen. Auch, dass ich seinen Verlagsvertrag geprüft und die Autorenkonditio-

nen verbessert hatte, schien ihn nicht weiter zu beein-
drucken. Auf meine Frage, wann er mir denn die erste
Rate überweisen wolle, sagte er nur: »Ich überweise
dir beste Grüße.«

Noch heute bin ich überzeugt: Es war nicht der Geiz,
der ihn dazu veranlasste, sondern eine gewisse Form
von Hybris. Er fand eine andere Legende einfach pas-
sender. Nämlich die, dass ein Verleger quasi vom Himmel gefallen sei und ihn auf Knien darum gebeten habe,
ihn verlegen zu dürfen. Die schnöde Wahrheit, dass
seine Agentin zehn Verlage angeschrieben und neun
Absagen bekommen hatte, ist – zugegeben – nicht ganz
so glamourös.

Ich war stinksauer, aber ohne Unterschrift hatte ich
nichts in der Hand. Selbst schuld. Ich kündigte ihm
die Freundschaft auf und erklärte, dass ich die nächsten zehn Jahre nicht mehr mit ihm reden würde. Und
so kam es dann auch. Mit dem Weltbestseller »Das Par-
füm«, an dem Patrick damals schon schrieb, wurde es
so natürlich nichts. Wenigstens für mich nicht. Für
Diogenes und Süskind schon. Das Buch hielt sich zwei
Jahre lang auf Platz 1 der *Spiegel*-Bestsellerliste, wurde
in 49 Sprachen übersetzt, war ein Millionenseller und
auch die Verfilmung von Bernd Eichinger schlug später
international richtig ein.

Bei mir saß diese erste bittere Lektion, und ich habe
sie bis heute nicht vergessen: Jede neue Autorin und
jeder neue Autor, deren Werke ich vertreten soll, unter-

schreibt zuerst einmal den Agenturvertrag. Erst dann wird gearbeitet.

*

Ganz langsam nahm das Agenturgeschäft Fahrt auf. Die ersten Bücher mit bekannten Autoren entstanden. »Kehraus« von Gerhard Polt zum Beispiel, oder die Bücher des Österreichers Helmut Zenker, dessen satirische Krimireihe »Kottan ermittelt« auch im Fernsehen sehr erfolgreich lief.

Ich war offen für die ganze Bandbreite an Büchern und Themen, ich mochte die Unterscheidung zwischen E und U noch nie. Was hohe, ernsthafte Literatur ist, und was nicht, liegt immer auch im Auge des Betrachters. Ich komme nun mal aus dem Buchhandel und dem Vertrieb, und da geht es um Verkäuflichkeit. Bis heute mache ich alles querbeet, Sachbuch, Belletristik, Biografien, historische Themen, Krimis … nur für Wissenschaftsverlage habe ich nichts im Portfolio. Heute gibt es Agenturen, die sich nur auf einen Bereich spezialisiert haben, anderes nicht einmal mit der Kneifzange anfassen würden. Dass ich von Anfang an eine große thematische Spannbreite hatte, lag sicher daran, dass es damals keine anderen Agenturen gab. Aber dass ich bis heute dabeigeblieben bin, liegt an meiner Neugier und einmal mehr an meinem Unwillen, mich irgendwelchen Einschränkungen zu beugen. Wenn ich das Gefühl habe, da könnte man ein Buch draus machen, dann machen wir daraus eben ein Buch.

Ich vermittelte die Bergsteiger-Autobiografie von Kurt Diemberger, die Erlebnisse des Weltumseglers Rollo Gebhard und luxuriöse Bildbände über BMW und Ferrari, die ich mit Ingo Seiff für die Collection Rolf Heyne machte. Die Collection war das Steckenpferd des Verlegers, da erschien damals alles, was »Männern Spaß macht«, wie er selbst sagte. Bücher über Autos, Zigarren, Whiskey, die legendären Bar-Bücher von Charles Schumann und eben großformatige, hochwertige Bildbände. Für die gab er gerne Geld aus, aber ich erinnere mich gut, wie er einmal zu mir sagte: »Ach, wissen Sie Frau Kolf, ich habe mir auch schon überlegt, ob es nicht schöner ist, wenn ich das Geld zum Fenster rauswerfe, anstatt es Ihnen zu geben. Dann seh ich's wenigstens nochmal flattern.« Meine Agentur war vielleicht nicht mehr überflüssig wie ein Kropf, aber an ihrem Sinn wurde trotzdem noch gezweifelt.

*

1984 bezog ich ein neues Büro in der Siegesstraße. Ich machte ein bisschen Pressearbeit hier, ein bisschen Vertrieb da und war ansonsten immer auf der Suche nach Autoren. Dabei blieben auch echte Misserfolge nicht aus. So stand eines Tages ein Professor Dr. Dr. mit einer überaus beeindruckenden wissenschaftlichen Vita vor meiner Tür, den ich erfolgreich an einen Verlag vermittelte. Nur stellte sich später heraus, dass der angebliche Medizinprofessor aus der DDR ein Hochstapler war. Es dauerte nicht lange, bis der wutentbrannte Verleger bei mir im Büro stand und den Vorschuss von 25 000 Mark, den er an den vermeintlichen Professor gezahlt hatte, zurückverlangte. Viel zu holen war bei mir damals allerdings nicht: Ich machte dem entnervten Verleger klar, dass er von mir höchstens die 20 Prozent Vermittlungsprovision zurückbekommen könnte. *Könnte*, wohlgemerkt, denn die war nach einer Karibikreise mit Freunden längst aufgebraucht.

Und so holprig ging es erst einmal weiter. Mitte der Achtziger bekam ich ernsthafte finanzielle Probleme. Bücher verkaufen ist kein schnelles Geschäft, manchmal dauerte es ein, zwei Jahre, bis die verkauften Bücher den Vorschuss überschritten hatten, manchmal sogar noch länger. Ich war mehr pleite als sonst irgendetwas und an manchen Tagen so richtig verzweifelt. Frustriert erzählte ich auf der Buchmesse meinem hochverehrten Zürcher Kollegen Paul Fritz von meinen Problemen. Und der spendete auch gleich Trost: »Wissen Sie, Frau Kolf, nur die ersten 15 Jahre sind für eine Agentur ein Problem. Danach wird's besser.« Na, dann Prost!

KAPITEL 18

Not macht erfinderisch

S o lange wollte – und konnte – ich nicht warten.
Nächtelang zerbrach ich mir darüber den Kopf, wie
sich Umsätze schneller erzielen ließen. Was hatte Tata
immer gesagt? »Kontakte, Fuschi, Kontakte sind das A
und O!« Vielleicht musste ich ja nur versuchen, sie auf
eine neue Art miteinander zu verknüpfen.

Über meine Pressearbeit für den Christian Brand-
stätter Verlag verfügte ich über gute Kontakte zu vielen
Zeitungen und Zeitschriften und damit auch zu einer
Reihe mehr oder weniger bekannter Journalisten wie
Michel Rauch, Lukas Lessing, Andreas Altmann, Pavel
Kohout oder Wolfgang Reiser. Meine neue Idee war be-
stechend einfach: Ich wollte gute Schreiber an die gro-
ßen Magazine vermitteln.

Die meisten der großen und finanzkräftigen Blätter
residierten in Hamburg. Und die klapperte ich dann
auch alle ab. Vom *Stern* zum *Zeit Magazin*, von *GEO* zu
Merian, und wieder zurück. In München ging es noch

zur *Quick* und zum *Playboy*. Heute kaum noch vorstellbar, schwammen die Medienhäuser damals regelrecht in Geld. Für Vorabdrucke aus Büchern wurden üppige Honorare gezahlt, für einzelne Reportagen oder Serien gab es auch fünfstellige Honorare. Ich werde nie vergessen, wie Pavel Kohout einmal vom *Stern* für eine Serie unfassbare 80 000 Mark bekam. Der Chefredakteur verlor kurz darauf seinen Job, die Artikel wurden nie veröffentlicht, das Geld floss dennoch. Die Werbeindustrie boomte, und die Umsatzrenditen waren in den Zeitschriftenverlagen gewaltig. Mit den Worten des ehemaligen *Stern*-Chefs Henri Nannen: »Ich muss nur oben genug Geld aus dem Fenster werfen, dann kommt es unten zur Tür wieder herein.« Es waren goldene Zeiten für die Magazine, die ständig auf der Suche nach neuen Ideen, Geschichten und Köpfen waren. Und ich konnte sie liefern. Mit der Zeit verfügte ich über eine stattliche Liste mit guten Autoren, deren Geschichten ich erfolgreich an die Chefredakteure verkaufte. Ein Geschäft, das sich schneller auf dem Konto niederschlug als das Vermitteln von Büchern allein.

Und dann kam auch noch ein bisschen Glück dazu. Anfang der 1980er-Jahre hatte meine Freundin Rachel Salamander in München die »Literaturhandlung« gegründet, eine auf jüdische Literatur und Werke zum Judentum spezialisierte Buchhandlung. Fünfzig Jahre nach der Bücherverbrennung, vierzig Jahre nach dem Holocaust sollten hier all jene wieder eine Heimat finden, deren Werke und Leben damals ausgelöscht worden waren.

Rachel war bestens in der Literaturszene vernetzt. Angehende Autoren und viele andere, die eine Geschichte zu erzählen hatten, setzten sich mit ihr in Verbindung, und viele dieser Anfragen leitete sie an mich weiter. Eine dieser spannenden Persönlichkeiten, die ich damals kennenlernte, war der Mossad-Agent Wolfgang Lotz, der – als millionenschwerer deutscher Pferdezüchter getarnt – für Israel die ägyptische Armee in Kairo ausspionierte. Zwar wurde er durch seinen Fahrer enttarnt und später auch verhaftet und verurteilt, seine Informationen zu den genauen Standorten der ägyptischen Luftflotte aber hatten Israel mit dabei geholfen, den Sechstagekrieg zu gewinnen. Nach drei Jahren Gefängnis wurde Lotz gegen 4865 gefangene ägyptische Soldaten ausgetauscht. Was für eine Geschichte!

1978 zog Lotz nach München und schrieb seine Erlebnisse als »Meisterspion« auf. Das Buch sollte »Der Champagnerspion« heißen, nicht ohne Grund, denn in Ägypten war Lotz, finanziell großzügig vom Mossad ausgestattet, für seine rauschenden Feste berühmt. Wolfgang Lotz hatte mir die Film- und Buchrechte übertragen, kümmerte sich aber als Mann der Tat auf seine Weise um die pünktliche Bezahlung der Tantiemen. So hatte er mit dem Piper Verlag, dem ich die Rechte verkauft hatte, vereinbart, dass die Erlöse aus den Filmrechten sofort und nicht halbjährlich oder jährlich ausgezahlt werden sollten. Als er erfuhr, dass die Filmoption in die USA verkauft worden war, stapfte er zum Piper Verlag in der Georgenstraße, um sein Geld abzuholen. Aber dort wurde er von der Lizenzabteilung nur vertröstet: In den Vertragsunterlagen fände sich nichts über eine sofortige Auszahlung.

Wutentbrannt stürmte Lotz in das Büro des Verlegers. In der Innentasche seines Jacketts hatte Lotz einen Kugelschreiber stecken. Die Hand im Jackett und den Kugelschreiber nach vorne gerichtet, sah es aus, als habe er eine Pistole in der Jacke verborgen. Dann sagte er: »Herr Piper, ich habe Menschen schon wegen weniger getötet. Entweder ich bekomme mein Geld oder ich schieße.« Er bekam sein Geld.

*

So langsam ging es mit der Agentur bergauf, und auch mein Privatleben bekam wieder neuen Schwung. Über meine Pressearbeit für den Brandstätter Verlag hatte ich in Hamburg einen sehr sympathischen Journalisten kennengelernt, den ich für eine große Farbstrecke mit den schönsten österreichischen Bildbänden an die *HÖRZU* vermittelte. Als der dann irgendwann auf der Buchmesse an unserem Stand auftauchte, lud ich ihn spontan auf ein Glas Wein in den »Frankfurter Hof« ein. Wir saßen abends zusammen an der Bar, und er sagte aus heiterem Himmel: »Frau Kolf, ich liebe sie.« Worauf ich, anscheinend auch nicht mehr ganz bei Sinnen, erwiderte: »Herr Stiller, dann können wir ja gleich heiraten.« Darauf er: »Das ist ja ganz wunderbar!«

Nicht nur weinselig ging ich zu dem Tisch, an dem Christian Brandstätter, Rachel Salamander und ihr Mann Stephan Sattler saßen und sagte: »Ich heirate übrigens Rainer Stiller.«

Und so kam es dann auch. Rachel war meine Trauzeugin. Im Dezember des gleichen Jahres fuhren Rainer und ich nach Sylt, nachdem wir in München das Aufgebot bestellt hatten, und Mitte Januar 1985 wurde in der Mandlstraße geheiratet und anschließend im Mariannenhof gefeiert.

KAPITEL 19

Reiselust und Fitnesswelle

1989 war ein Jahr des Umbruchs, dessen Folgen nicht nur das kommende Jahrzehnt prägten. Während das chinesische Militär im Frühsommer noch gewaltsam den Volksaufstand auf dem Platz des Himmlischen Friedens niedergeschlagen hatte, führte die friedliche Revolution in der DDR am 9. November zum Fall der Mauer. Der eiserne Vorhang zum Ostblock war in den Monaten zuvor immer löchriger geworden, jetzt öffneten sich die Grenzen zwischen Ost und West ganz. Die Wiedervereinigung ein knappes Jahr später versetzte nicht nur die Menschen in einen Freudentaumel, auch der westdeutsche Handel jubilierte. Elektrogeräte, Autos, exotische Lebensmittel gingen weg wie warme Semmeln. Den größten Nachholbedarf hatten viele Bürger der ehemaligen DDR aber beim Reisen. Endlich konnten sie sich frei bewegen, und davon profitierten nicht nur Tourismuskonzerne, sondern auch die Buchbranche. In den 1990er-Jahren boomte das Geschäft mit Reiseführern. Und so sollte es bleiben, bis schließlich Smartphones und Social Media schnellere und aktuellere Informationen boten und die klassischen Reiseführer ausbremsten.

Dass ich bei diesem Boom von Anfang an mit dabei war, verdanke ich meinem Mann. Denn der stellte mir eines Tages in Hamburg Ferdinand Ranft vor, den Erfinder des »Kompakt«-Reiseführers. Ranft war der Macher der erfolgreichen *Merian*-Reiseführer und später der noch erfolgreicheren *Marco-Polo*-Reihe. Das Einzige, was ihm fehlte waren die passenden Autoren für die Vielzahl der Destinationen, die im Laufe der Jahre von den Touristen entdeckt wurden und ins Verlagsprogramm aufgenommen werden sollten. Und hier zahlten sich meine vielfältigen Kontakte zu den Journalisten aus, die ich über die Jahre gepflegt hatte. Zu mehr als 180 Reiseführern konnte ich mit der Zeit Autoren liefern, darunter illustre Namen wie Michael Schwelien, damals Chefredakteur beim *Zeit Magazin*, oder Wolfhart Berg, Chefredakteur der Münchner *Abendzeitung* und sein ehemaliger Stellvertreter Norbert Lewandowski. Die Autoren schrieben quer über alle Reihen, von Merian und Marco Polo bis hin zu ADAC und Polyglott. Einmal geschrieben, blieben die Reiseführer lange im Programm, wurden regelmäßig aktualisiert und entwickelten sich zu regelrechten Dauerbrennern mit hohen Verkaufszahlen, was den Verfassern über Jahre hinweg ein gutes Nebeneinkommen garantierte. Und letztlich machte es ja auch Spaß, ein Land zu entdecken und wie ein Trüffelschwein nach guten Tipps zu suchen.

*

Der steigende Wohlstand in Ost und West inspirierte die Deutschen in den Neunzigern aber nicht nur zum Reisen. Ein weiteres Thema bekam immer mehr Bedeutung: Die Deutschen wollten schlanker, fitter und gesünder werden. Und mit diesem Wunsch nach Selbstoptimierung, wie es heute so schön heißt, wuchsen auch die Regale mit Ratgeberliteratur.

Den ersten Top-Bestseller in dieser Hinsicht hatte Helga Köster gelandet. Als Redakteurin des Frauenmagazins *Brigitte* hatte sie 1969 einen Beitrag über Diäten schreiben sollen und war entsetzt über die teils unseriösen Angebote gewesen, die den Leuten das Blaue vom Himmel herunter versprachen. Also recherchierte sie in den USA bei den Weight Watchers, sprach mit Ernährungswissenschaftlern und Medizinern und stellte eine neue Diät zusammen, die noch heute der Inbegriff für alle Bemühungen rund ums Abnehmen ist: die »Brigitte-Diät«.

Ich hatte damals die Idee, mit Helga Köster eine »Schwarzwaldklinik«-Diät in Buchform zu machen. Die TV-Serie, in der Klausjürgen Wussow im Arztkittel als »Professor Brinkmann« eine Klinik im Glottertal leitete, lockte an die 30 Millionen Zuschauer vor die Bildschirme. Eine sensationelle Quote, über Jahre hinweg.

Leider konnte ich keinen Verlag dafür finden, aber gut dreißig Jahre später hat mir Hans-Peter Übleis, der große Verleger der Verlagsgruppe Droemer Knaur, gestanden, dass es immer noch bereuen würde, dieses Buch damals beim Heyne Verlag nicht gemacht zu haben.

Mich hat dieser kleine Dämpfer trotzdem nicht von meiner Überzeugung abgebracht, dass mit Ratgebern in Zukunft noch eine Menge Geld zu verdienen sein würde. Auch wenn bis dahin noch reichlich Wasser die Isar hinunterfließen sollte, so richtig los ging es damit nämlich erst Ende der 1990er-Jahre. Der Buchmarkt hatte sich in den Jahren davor immer stärker segmentiert, immer mehr Spezial- und Nischenthemen waren mit einem Mal gefragt. Was Leser solcher Bücher einte, war das Bedürfnis möglichst viele Bereiche des eigenen Lebens zu verbessern, was die Nachfrage nach Ratgebern aller Art stark ansteigen ließ. Der Markt für Bücher zum Thema Kochen, Gesundheit und Fitness florierte und war reif für den ersten großen Bestseller. Und ausgerechnet ich hatte ihn im Angebot, obwohl es zunächst überhaupt nicht danach aussah, dass ich für dieses Buch jemals einen Verlag finden würde.

Dazu gekommen war ich über etwas verschlungene Wege: Ich war bei Michael Friedel (ein Fotograf, mit dem ich wunderbare Bildbände gemacht hatte) und

seiner Frau Marion zu einem Grünkohlessen eingeladen, das ein frisch getrennter Freund alljährlich bei
ihnen veranstaltete: Christian Andreas Beyer. Ich weiß
nicht, ob die beiden damals eine »Verkupplungsaktion«
geplant hatten, schließlich war ich noch verheiratet. In
the long run aber ist genau das passiert – mit Christian
bin ich heute noch verheiratet. Doch an jenem Abend
war das die Art von Zukunftsmusik, von der niemand
auch nur einen Piep vernommen hätte.

Wir freundeten uns an, und über Christian und seinen SPD-Stammtisch im Traditionslokal »Weinbauer«
kam ich schließlich in Kontakt mit Otto Müller. Und
der hatte zwei Töchter, von denen eine im Gesundheits-
ressort der *Bunten* arbeitete.

Marion Grillparzer und ich verstanden uns auf Anhieb, und eines Tages erzählte sie mir begeistert, dass sie
gerade an einem Buch mit einem Mann arbeiten würde,
der nicht nur ein großartiger Arzt sei und an Iron-Man-
Wettbewerben teilnehme, sondern Menschen auch unglaublich gut motivieren könne, mehr aus sich zu machen. Dieser Dr. Ulrich Strunz sei fest davon überzeugt,
dass jeder und jede die Möglichkeit hätte, jung und dy-
namisch zu bleiben, sofern das richtige Sport- und Er-
nährungsprogramm befolgt werde: »Forever young«
eben.

Für den Doktor lag das Geheimnis in erster Linie
darin, jeden Tag laufen zu gehen. Und laufen kann ja
schließlich jeder. Das Überzeugende und Verführe-

rische an seinem Weg war, dass er sich so einfach beschreiten ließ: Man brauchte kein Fitnessstudio und keine teuren Geräte, es genügte, noch vor dem Zähneputzen die Laufschuhe anzuziehen und loszulegen und sich dann von Tag zu Tag langsam zu steigern. Das reichte, um nicht nur den Körper zu trainieren, sondern gleichzeitig auch dem Geist etwas Gutes zu tun.

Das Neue und vor allem Erfolgversprechende an diesem Ratgeberkonzept war die unterhaltsame populärwissenschaftliche Schreibe, dazu kamen Interviews, Illustrationen und Fotos, die das Ganze zusätzlich auflockerten. Und weil wir noch ganz am Anfang der großen Welle der »Selbstoptimierung« standen, konnten wir mit »Forever young« und den folgenden Büchern von Ulrich Strunz diesen Trend maßgeblich mitgestalten.

Das Thema lag einfach in der Luft, aus den USA war schon die Joggingwelle nach Deutschland herübergeschwappt, Fitness und Gesundheit waren in aller Munde. Ich dachte, das wird ein Spaziergang, doch es wurde alles andere als das. Denn anfangs wollte kein Verlag etwas davon wissen. Monatelang putzte ich erfolglos Klinken und konnte es kaum fassen. Ich vertraue eigentlich immer meinem Bauchgefühl, und wenn mich etwas richtig fesselt, dann liege ich mit der Vermutung, dass es auch ein größeres Publikum ansprechen müsste, selten richtig daneben.

Elitäre Bücher und Wissenschaft im Elfenbeinturm

mögen eine schöne Sache sein, aber die Massen erreicht man damit nicht, und Geld verdienen lässt sich so auch nicht viel. Für mich heißt das: Immer schön darauf hören, was die Mehrheit der Leser lesen will, und nicht zu sehr auf die Zuneigung des Feuilletons hoffen. Eigentlich sollte sich das nicht ausschließen: das anspruchsvolle Buch, das die Massen erreicht und trotzdem bei der Kritik wohlwollende Aufnahme findet. In Deutschland war und ist das – ganz im Gegensatz zu den USA – aber oft eine schwierige Gratwanderung. Hatte ein Titel in der Breite Erfolg, man denke nur an jemanden wie Johannes Mario Simmel, war die Verachtung des literarischen Feuilletons so gut wie garantiert. Was der Masse gefiel, konnte keine Qualität besitzen. Da ist sie wieder, die unsägliche Trennung von E und U. Und mit Ratgebern konnte man bei den Rezensenten sowieso keinen Blumentopf gewinnen.

*

Marion Grillparzer, mit der ich später noch viele sehr erfolgreiche Bücher unter ihrem eigenen Namen machen sollte, wie zum Beispiel »Die Glyx-Diät«, »Die magische Kohlsuppe« oder »Simple Detox«, war jedenfalls richtig sauer auf mich, dass ich Ulrich Strunz nirgendwo unterbringen konnte. Das Schlimmste war, dass ich jeden Tag an der Münchner Freiheit, wohin ich inzwischen mit der Agentur umgezogen war, Otto Müller begegnete, der sein Büro direkt neben meinem hatte. Und jeden Tag fragte er mich: »Na, Lianne, hast du das Buch meiner Tochter schon verkauft?«

Doch es hagelte Absagen über Absagen, ich verstand die Welt nicht mehr. Als ich kaum noch eine Idee hatte, an wen ich mich noch wenden sollte, rief ich einen alten Freund an. Frank-H. Häger, den ich noch aus meiner Molden-Zeit kannte, während der ich als Externe ja auch *Time Life* vertrieblich betreut hatte.

Er war inzwischen Geschäftsführer bei Gräfe und Unzer, einem Verlag, der vor 300 Jahren in Königsberg gegründet worden war und heute der Platzhirsch unter den Ratgeberverlagen ist. Damals lag der Schwerpunkt aber noch eher auf Kochbüchern.

Ich bekniete ihn am Telefon, das Buch zu veröffentlichen. Schließlich gehe es ja nicht nur ums Laufen, sondern auch um Ernährung und damit ums Kochen. Ich redete mir den Mund fusselig – und als er endlich ja sagte, begann eine unglaubliche Erfolgsgeschichte. Dabei half, dass Ulrich Strunz ein so motivierender Redner war, der mit seinen Vorträgen Hallen mit bis zu 10.000 zahlenden Besuchern füllte.

In den nächsten Jahren kamen sechzig weitere Strunz-Bücher zum Thema Fitness und Ernährung auf den Markt, die sich alle prächtig verkauften. Die Gesamtauflage liegt heute bei vielen Millionen Exemplaren und hat erst GU und später dem Heyne Verlag große Erfolge beschert. Die Bücher werden bis heute immer wieder neu aufgelegt, und für eine Agentur ist natürlich eine starke »Backlist«, also Bücher, die lange im Programm bleiben, ein echter Aktivposten. Mein Bauchgefühl hatte mich also doch nicht im Stich gelassen.

KAPITEL 20

Anne Frank und Hitlers Sekretärin

Bis ich auf der Ratgeberwelle surfen konnte, die ersten richtig großen Bestseller auf den Weg bringen und Paul Fritz mit seiner 15-Jahres-Prognose tatsächlich Recht behalten sollte, musste ich eine Zeitlang aber noch kleinere Brötchen backen. Auch wenn ich inzwischen immerhin ein eigenes Faxgerät und einen Kopierer hatte. Ich las gefühlt rund um die Uhr, schleppte kiloweise Manuskripte zur Post, alles ging aus heutiger Sicht nur im Schneckentempo vorwärts, Porto- und Telefonkosten waren exorbitant hoch. War ein Manuskript an einen Verlag verschickt, dauerte es oft Wochen und Monate, bis überhaupt eine Antwort kam. Also hieß es immer wieder nachfassen, Lektoren und Verleger nerven und vor allem Autoren beruhigen.

Die Arbeit hatte mich auch während der freien Zeit im Griff, denn sobald ich auf einem Fest oder bei einer Einladung auch nur erwähnte, dass ich eine Literaturagentur habe, sagte mein Gegenüber sofort: »Ach, ich habe da auch kürzlich etwas geschrieben. Könnten Sie nicht vielleicht …?« Und wer nicht selbst einen Text in der Schublade hatte, der kannte ganz sicher jemanden, der einen dort liegen hatte.

Heute prüfen wir in der Agentur im Schnitt jede Woche rund 200 Manuskripte, viele davon »unverlangt eingesandt«. Natürlich ist da jede Menge dabei, wo schon nach wenigen Seiten klar ist, dass daraus kein Buch werden wird. Manchmal lohnt sich aber ein zweiter Blick, und ab und zu wird daraus ein unerwarteter Erfolg. Doch dazu später mehr.

In der Regel sind es aber nicht die unverlangt eingesandten Texte, die man in einem Verlag unterbringt. Oft gibt es ein Thema, das an mich als Agentin herangetragen wird mit der Frage, ob ich einen geeigneten Schreiber dafür kenne. Oder es ist umgekehrt, man hat jemanden mit Potenzial, mit dem ein Thema erarbeitet wird. Nach meiner Schockerfahrung gleich zu Anfang meiner Agenturzeit beginnt aber alles immer erst mit dem Agenturvertrag. Ist der abgeschlossen, dann wird, wenn es sich um ein Sachbuch handelt, ein Exposé und ein Probekapitel geschrieben, oder, wenn es sich um einen Roman handelt, das vorgelegte Manuskript erst einmal eingehend geprüft. Meist werden dann noch mit den Autoren Veränderungen und Verbesserungen besprochen, manchmal muss ich auch zum Weitermachen und Durchhalten motivieren. Dann reicht man das Manuskript an geeignete Verlage weiter, ist einer interessiert, wird der Verlagsvertrag ausgehandelt. Wollen mehrere Verlage das Buch veröffentlichen, wird es in einer Auktion versteigert. Wer das interessanteste Angebot macht, und das muss nicht immer das finanziell lukrativste sein, der bekommt den Zuschlag. Wichtig ist immer, wo das Buch im Verlagsprogramm platziert wird, ob es als Spitzentitel angekündigt, ob es eine Pressestrategie und ein Werbebudget gibt und so weiter.

Bis alles in trockenen Tüchern ist, geht viel Zeit ins Land, und jede Menge Arbeit ist zu tun. Dazu kommt die Erledigung der notwendigen Verwaltungsarbeiten wie Rechnungsstellung und Auszahlung von Tantiemen. Anno 1992 war das noch Zukunftsmusik, aber Ende des Jahrzehnts hatte ich dafür rund um Tatjana Seel und Simone Hasselmann ein hervorragendes Team geformt. Heute habe ich acht Mitarbeiter*innen, jede/r davon hat seine Vorlieben und betreut eine eigene Sparte. Zusätzlich vermitteln wir inzwischen auch Drehbücher, eine Kollegin ist nur mit dem Filmbereich beschäftigt.

*

Im April jenes Jahres stellte mir Christian Brandstätter Melissa Müller vor, eine junge Journalistin, die später seine Frau werden sollte. Die gebürtige Österreicherin hatte Germanistik und Betriebswirtschaften studiert und für verschiedene Wirtschaftsredaktionen in Wien und München gearbeitet, bevor sie zu Burda ging. Wir mochten uns auf Anhieb, trafen uns immer wieder, und ich verfolgte aufmerksam, wie sie in den folgenden Jahren zahlreiche Bücher als Herausgeberin betreute.

Irgendwann in dieser Zeit wurde die Idee zu einer Anne-Frank-Biografie an mich herangetragen. Ich war überrascht, dass die Biografie über das wahrscheinlich bekannteste Shoah-Opfer nicht längst geschrieben worden war und sofort Feuer und Flamme, denn ich las und lese noch heute mit großer Begeisterung Biografien. Mich interessiert, wie Menschen, die in eine andere Zeit hineingeboren sind, mit ihrem Schicksal umgegangen sind. Wie sich Menschen in schweren und extremen Zeiten wie dem Nationalsozialismus zwischen 1933 und 1945 verhalten haben, sei es als Opfer oder als Täter, wird ihre Nachfahren wahrscheinlich immer beschäftigen. Zudem passte der Stoff in die Zeit – der Zerfall der Sowjetunion, die fremdenfeindlichen Attacken im Osten Deutschlands, die schleichende Rückkehr des Antisemitismus und der furchtbare Krieg in Jugoslawien. Die Bilder von den ethnischen Säuberungen und Menschen in Lagern mit Stacheldraht markierten einen vorläufigen Tiefpunkt, es war wie eine Rückkehr zu längst vergangenem Grauen.

Der Name Anne Frank war durch ihr Tagebuch, das Bühnenstück und George Stevens Hollywood-Film aus dem Jahr 1959 weltweit Millionen von Menschen ein Begriff, aber die Geschichte des jüdischen Mädchens und seiner Familie war bislang nie im historischen Kontext zu Ende erzählt worden. Das Tagebuch endet ja mit der Verhaftung der untergetauchten Familie Frank in einem Hinterhaus in Amsterdam.

Als ich Melissa Müller von dieser Idee erzählte, war sie sofort begeistert. Sie wollte das Projekt unbedingt machen. Ich mochte ihre Schreibe, kannte sie als akribische Arbeiterin und wusste, dass sie für zeitgeschichtliche Themen brannte. Der Rest war Bauchgefühl, ich war mir sicher, sie würde für dieses Vorhaben genau die Richtige sein.

Die Recherchen waren aufwändig und zogen sich fast drei Jahre hin. Die Archive verfügten kaum über digitalisiertes Material, einige Zeitzeugen hatten nie zuvor Interviews gegeben und mussten mit viel Geduld überzeugt werden. Melissa besuchte mehr als zwanzig Zeitzeugen auf der ganzen Welt, die Anne Frank oder ihren Vater und Nachlassverwalter Otto Frank persönlich gekannt hatten. Und sie recherchierte in Archiven in Deutschland, den Niederlanden, der Schweiz und den USA. Hilfe kam unter anderem von Miep Gies, der letzten noch lebenden Helferin der Familie Frank, und von Anne Franks Cousin Buddy Elias, dem Vorsitzenden des Anne Frank Fonds in Basel. Der Fonds hält die Rechte an allen Schriften von Anne und Otto Frank. Ohne dessen ausdrückliche Zustimmung bzw. ohne Rechteübertragung hätten wir nicht aus dem Tagebuch zitieren dürfen. Das sollte später noch wichtig werden. Zugeknöpft gab sich am Anfang hingegen die Amsterdamer Anne-Frank-Stiftung, Betreiberin des berühmten Anne-Frank-Hauses in der Prinsengracht. Sie wollte die alleinige Deutungshoheit über das Bild des jüdischen Mädchens in der Welt behalten.

Und dann der Coup: Otto Franks langjähriger Freund Cor Suijk spielte Melissa fünf lose Seiten aus Anne Franks Tagebüchern zu, die ihr Vater Otto über seinen Tod hinaus geheim gehalten hatte. Es war klar, dass wir damit weltweit für großes Aufsehen sorgen würden.

Die deutschen Rechte hatte sich Christian Strasser gesichert, dessen Verlagsgruppe beständig größer geworden war. Im Herbst 1998 erschien das Buch im Claassen-Verlag. Und wie erwartet wurde die Nachricht von den »fehlenden Tagebuchseiten« als Weltsensation gehandelt. Die Biografie wurde sehr gut besprochen und fand sofort ihren Weg in die Bestsellerlisten.

Da ich noch vor Erscheinen die Rechte international verkauft hatte, konnten die englischsprachigen und niederländischen Übersetzungen fast zeitgleich mit der deutschen Originalausgabe erscheinen. Einen solchen potenziellen Weltbestseller in der Tasche zu haben, ist für einen Agenten natürlich ein Traum. Der Lohn der langjährigen harten Arbeit war zum Greifen nah.

Aber was heißt schon harte Arbeit? Fleiß ist wichtig, verhandeln noch wichtiger. Ich habe es immer geliebt zu verhandeln, auch wenn es mit einigen Verlagen durchaus mühsam war, das Beste für meine Autoren herauszuholen, wenn es um die Verwertungsrechte und die Tantiemen ging. Freude an Büchern haben, Ideen entwickeln und bewerten, Kontakte zu Verlagen und Autoren herstellen, all das ist wichtig für einen Agenten, aber am Ende ist es die Kunst des Verhandelns, die über den Erfolg entscheidet. Mit einem hervorragenden Buch in der Tasche geht das natürlich viel einfacher als mit einem durchschnittlichen Werk; denn dann stehen die Verlage auch schon mal Schlange und überbieten sich gegenseitig, bis einer den Zuschlag bekommt.

Aber wenn dieses Buch ein Welterfolg im Wortsinn werden sollte, dann mussten wir auch den amerikanischen Markt erobern. Deshalb war ich schon im November 1996 in die USA geflogen, um Gespräche zu führen. Leider ausgerechnet an Thanksgiving, nur um festzustellen, dass in dieser Zeit niemand arbeitete. Das Problem ließ sich leicht lösen, indem ich einfach etwas länger in den Staaten blieb, ein anderes war kniffliger. Ich hatte zu diesem Zeitpunkt kein Manuskript, Melissa steckte mitten in den Recherchen, und auch von den fünf unbekannten Tagebuchseiten ahnte noch niemand etwas.

Am Ende landete das Buch nach vielen, teils zähen Verhandlungen beim Verlag Henry Holt, einem der ältesten Verlage der USA. Insgesamt haben wir die Rechte an »Das Mädchen Anne Frank« in mehr als zwanzig Länder verkauft. Und der nächste Schritt folgte bald darauf, denn ich konnte auch die Filmrechte anbieten.

Sie waren als Standardnebenrecht Bestandteil des Vertrags, den wir mit Christian Strasser geschlossen hatten, und er hatte mich mit den Verhandlungen beauftragt. Zwar waren auch deutsche Produzenten wie die Bavaria und Bernd Eichingers Constantin Film interessiert, aber mein Ziel hieß Hollywood.

Kaum war die US-Ausgabe erschienen, die von der *New York Times* bis zum *Time Magazine* sehr positiv besprochen wurde, meldete sich ABC bei mir, eine Tochtergesellschaft der Walt Disney Company. ABC wollte Steven Spielberg und seine Produktionsfirma Dreamworks mit der Verfilmung beauftragen. Wir waren begeistert und nahmen das Angebot an.

Doch prompt folgte die Enttäuschung. In Briefen, die Anne Franks Cousin Buddy Elias unterzeichnet hatte, der beim Buch noch so hilfreich gewesen war, sprach der Fonds Disney überraschend das Recht ab, sich mit Anne Frank zu beschäftigen. Der Drehbuchautor dürfe nicht aus dem Tagebuch zitieren, und auch Spielberg wurde mit Briefen unter Druck gesetzt. Der Regisseur ließ verlauten, er wolle sich auf keinen Fall an einem Streit um Anne Franks Vermächtnis beteiligen, und zog sich aus dem Projekt zurück.

Disneys Ehrgeiz wurde durch den Widerstand des Anne Frank Fonds erst recht geweckt. Der damalige CEO Michael Eisner erklärte das Projekt zur Chefsache und suchte nach einer Lösung, wie man die Sache mit den möglichen Persönlichkeitsrechtsverletzungen umschiffen könnte. Uns bescherte das Hin- und Her zwischen den Parteien aber erst einmal eine Menge Arbeit. Über ein halbes Jahr sollte die Rechtsabteilung von Walt Disney mit dem Justitiar von Strassers Verlagsgruppe über den Vertrag debattieren, die Agentur immer cc. Änderte sich nur ein winziger Passus des achtzigseitigen Vertrages, wurde immer der gesamte Vertrag hin und her gefaxt. Papierverschwendung ohne Ende, aber Tatjana Seel, die heute noch die Vertragsabteilung der Agentur leitet, archivierte unermüdlich die Vertragsvarianten, bis wir nach mehreren Monaten ein Zimmer nur mit Faxrollen zum Thema Anne Frank gefüllt hatten.

Am Ende wäre das Ganze fast doch noch – wie von Spielberg befürchtet – an der vertraglichen Absicherung gegen mögliche Persönlichkeitsrechtsverletzungen gescheitert. Weder Strassers Verlagsgruppe noch Walt Disney wollten das Haftungsrisiko übernehmen und kamen auf die grandiose Idee, es auf Melissa und mich abzuwälzen. Doch dieses wirtschaftliche Risiko konnten wir unmöglich tragen. »Wenn das so ist, dann müssen wir eben alles platzen lassen«, lautete unsere Position. Und das brachte endlich Bewegung in die Sache.

Christian Strasser hatte Ende 1998 95 Prozent seiner Anteile an der Verlagsgruppe an Axel Springer verkauft, die Verlage Ullstein und Propyläen aus Berlin waren dazugekommen und Strasser geschäftsführender Verleger der neu firmierten Gruppe Econ Ullstein List. Und das brachte Michael Eisner schließlich auf die entscheidende Idee. Die Dachkonzerne der Vertragspartner, die Walt Disney Company in Kalifornien und die Axel Springer SE in Berlin sollten sich das Haftungsrisiko teilen. Als beide Seiten zustimmten, war der entscheidende Stein aus dem Weg geräumt, zumal der Drehbuchautor und Executive Producer Kirk Ellis klarstellte, er werde keine wörtlichen Zitate im Film verwenden. Denn niemand spricht schließlich so, wie er schreibt.

Melissa arbeitete als Beraterin sehr eng mit Ellis und Regisseur Robert Dornhelm zusammen. Später besuchten wir gemeinsam die Dreharbeiten in Prag, und im Mai 2001 war es dann endlich so weit: Im Holocaust Museum in Washington fand die Welturaufführung des Fernsehzweiteilers »Anne Frank. The Whole Story« statt.

Gespannt wie selten saßen Melissa und ich zwischen all den Premierengästen, wobei die Disney-Mannschaft wohl noch aufgeregter war. Denn obwohl mit »Pearl Harbor« zeitgleich in Los Angeles ein anderer Disney-Blockbuster an den Start ging, war der große Boss Michael Eisner in Washington. Seine Hartnäckigkeit wurde belohnt. Anne Frank wurde bei der 53. Verleihung mit dem Emmy Award als beste Miniserie ausgezeichnet. Und inzwischen wussten wir auch, warum der Baseler Anne Frank Fonds den Film so vehement boykottiert hatte: Kurz zuvor hatte er einen Vertrag mit 20th Century Fox über die Neuverfilmung des Tagebuchs abgeschlossen. Das Projekt wurde nie verwirklicht.

*

Anfang der 2000er-Jahre kam es zu einer weiteren überaus erfolgreichen Zusammenarbeit mit Melissa Müller. Wieder ging es um die NS-Zeit, diesmal sollte allerdings eine von Adolf Hitlers Privatsekretärinnen im Zentrum stehen.

Der Kontakt war über Umwege zustande gekommen, über den Vater einer Lektorin aus Christian Strassers Verlagsgruppe. Der wiederum kannte das TV-Urgestein Jochen Maass, der schon seit langem mit Traudl Junge einen Dokumentarfilm machen wollte, ihn aber nicht verwirklichen konnte. Kurz vor seinem Tod hat er schließlich den Kontakt vermittelt.

Traudl Junge, geborene Humps, war seit 1942 in der Reichskanzlei beschäftigt gewesen, hatte einen internen Sekretärinnenwettbewerb gewonnen und gehörte seitdem zu einem Quartett von Frauen, das mit der privaten Korrespondenz des »Führers« betraut war. Ein Jahr später heiratete sie Hans-Hermann Junge, Hitlers persönlicher Diener und Offizier der Waffen-SS. Traudl Junge blieb bis zur letzten Stunde, sie schrieb das politische und private Testament des Diktators nieder und befand sich in einem Nebentrakt des »Führerbunkers« unter der Reichskanzlei, als Hitler sich am 30. April 1945 das Leben nahm. Schon zwei Jahre später hatte sie ihre Erinnerungen verfasst, allerdings nicht in der Absicht, sie jemals zu veröffentlichen.

Sie verstand anfangs auch gar nicht, was wir an ihrer Lebensgeschichte so spannend fanden. Sie sei doch nur für die privaten Belange Hitlers zuständig gewesen, etwa für das Vereinbaren von Tierarztterminen für dessen Schäferhund »Blondie«. Überhaupt sei sie ein vollkommen unpolitischer Mensch gewesen und deshalb, nach dem Wettbewerb, auch gänzlich unbefangen in das Vorstellungsgespräch bei Hitler gegangen, das ihr am Ende den Job brachte. Eigentlich hatte sie Tänzerin werden wollen, als Sekretärin habe sie nur gearbeitet, um sich später doch noch ihren Traum von einer tänzerischen Ausbildung finanzieren zu können.

Von Herbst 1942 an bis zum Zusammenbruch war sie immer in der Nähe des Führers. Sie arbeitete in Berlin, in der Wolfschanze in Ostpreußen und im Berghof am Obersalzberg in Berchtesgaden. Und natürlich hatte sie mehr mitbekommen als viele andere. In der letzten Kriegsphase, als Hitler seinen Militärs zunehmend misstraute, war das Sekretärinnenquartett um Traudl Junge – abgesehen von Eva Braun und sehr wenigen anderen engen Vertrauten – Hitlers bevorzugte Tischgesellschaft.

Mit vereinten Kräften konnten wir Traudl Junge davon überzeugen, dass es sich sehr wohl lohnen würde, ihre Geschichte in einem Buch zu veröffentlichen. Weitere Impulse kamen später wieder einmal von Christian

Brandstätter, der seinem Jugendfreund André Heller davon erzählte, und der dann, sofort Feuer und Flamme, aus einer Reihe von Interviews eine 90-minütige TV-Dokumentation machen sollte.

Als die Arbeit losging, war es von unschätzbarem Vorteil, dass alle daran beteiligten Personen in München wohnten: Die Lektorin Ilka Heinemann, Melissa Müller, Traudl Junge und auch der List Verlag – wieder aus der Strasserschen Gruppe – hatte seinen Sitz ja in der Stadt. Traudl Junge war bestimmt dreißigmal bei mir im Büro gewesen, zu Besprechungen, aber auch, weil sie sich wahnsinnig dafür interessiert hat, was eine Agentur genau macht, wie sie zu ihren Autoren kommt, und wie lange so ein Buchprojekt dauert. Für sie selbst dauerte es leider zu lange. Schon zu Beginn der Zusammenarbeit hat sie sehr über Rückenschmerzen geklagt und ist am Tag der Buchpremiere, im Februar 2002, ihrem Krebsleiden erlegen. Den großen Erfolg ihres Buches »Bis zur letzten Stunde« und des Films, der auf diesem Buch basiere, hat sie nicht mehr erlebt.

Zwei Jahre nach ihrem Tod kam der Film »Der Untergang« von Bernd Eichinger (Drehbuch und Produktion) und Oliver Hirschbiegel (Regie) in die Kinos. Melissa Müller und Joachim Fest wurden als Berater engagiert, und auch ich war hin und wieder am Set und war absolut fasziniert, wie Bruno Ganz den Führer gab. Da stimmte alles von der Körperhaltung über den Gesichtsausdruck bis zur Stimme. Und auch Alexandra

Maria Lara überzeugte als Traudl Junge. Alle Rollen waren hervorragend besetzt, der Film erhielt viele Auszeichnungen und war 2005 auch für den Oscar in der Kategorie »bester ausländischer Film« nominiert.

KAPITEL 21

Sex Sells

Während die Agentur also endlich zu laufen begonnen hatte, konnte ich das von meinem Eheleben nicht gerade sagen. Denn eines schönen Tages teilte mir Rainer mit, dass er »jetzt mit der Barbara zusammenzieht«. Ich konnte gerade noch fragen: »Welche Barbara?!« Worauf er nur kurz erwiderte: »Die Barbara aus der Redaktion«, und damit war er auch schon raus der Tür. Ohne Gepäck und ohne weitere Erklärungen. So unvermittelt unsere Beziehung begonnen hatte – eben noch beim Glas Wein und dann schon vor dem Traualtar –, so unvermittelt endet sie.

Rainer engagierte zwar einen Scheidungsanwalt, der mir seitenlange Briefe schrieb, aber er holte nie seine Sachen aus der Wohnung. 1997, fast anderthalb Jahre nach seinem Abgang, wurde es mir dann zu dumm. Ich engagierte eine Umzugsfirma, die mir erst einmal 25 große Kartons brachte. Dann erkundigte ich mich, wann beim Gong Verlag die tägliche Morgenkonferenz, an der alle Redakteur/innen teilnahmen, in der Regel zu Ende ist. Stiller, der lange als freier Journalist tätig gewesen war, hatte unbedingt Chefredakteur werden wollen. Die Gelegenheit ergab sich, als meine Freundin Patricia Riekel, die damals im Gong Verlag arbeitete, nachfragte, ob Rainer bei der *Aktuellen* aushelfen könnte. Nach dem Wechsel von Helmut Markwort zu Burda war die Idee aufgekommen, ob Rainer nicht Gong-Chefredakteur werden könnte. Und das wurde er dann auch.

Von Gong erhielt ich die Info, dass die Sitzung um 11 Uhr zu Ende sein würde. Ich packte die Kartons und beschriftete sie mit einem dicken Filzstift: »Unterhosen Rainer Stiller«, »Socken Rainer Stiller«, »Schlafanzüge Rainer Stiller« und so weiter. Absender: Lianne Kolf-Stiller. Gegen ein gutes Trinkgeld stapelten die Packer Punkt 10.45 Uhr alle Umzugskartons direkt vor der Konferenztüre. Von innen konnte sie zwar einen kleinen Spalt geöffnet werden, aber raus konnte niemand. Die Kartons mussten erst von außen zur Seite geschoben werden. Jeder im Haus bekam die Aktion, die vor allem bei den Damen in der Redaktion für Amüsement sorgte, mit.

Eine kleine verspätete Rache, auch wenn sich die Scheidung noch Jahre hinziehen sollte. Zum Glück hatten wir keinen gemeinsamen Besitz, nicht einmal einen Hamster. Und auch Unterhalt wollte ich keinen, aber Stiller wollte sich einfach nicht scheiden lassen und verweigerte die gesetzlich vorgeschriebenen Auskünfte. Die Anwaltskosten waren enorm, bis die Sache 2001 endlich über die Bühne gegangen war. Puh!

Dabei hätte ich es wissen können. Bücher über Beziehungen, über Fremdgehen und Sex hatte ich in den zurückliegenden Jahren reichlich vermittelt. Nach Beate Uhse hatte ich Anfang der Neunziger mit Lothar Menne, damals bei Hoffmann und Campe, zwei spannende und überaus erfolgreiche Bücher produziert. Beim ersten hatte noch ein Freund meines Mannes Rainer seine Finger im Spiel. Er war Redakteur beim *Playboy* und hatte eine Story über eine bemerkenswerte Frau geschrieben. Und ich dachte mir, da muss man doch ein Buch draus machen! Das machten wir dann auch: Heide-Marie Emmermann, eine Theologin, die später als Domina in der Herbertstraße auf St. Pauli arbeitete, veröffentlichte »Credo an Gott und sein Fleisch. Erfahrungen mit irdischer und himmlischer Liebe«, was später unter dem Titel »Die heilige Hure« auch verfilmt wurde. Allein für den Vorabdruck im *Stern* gab es – heute vollkommen undenkbar – 50000 Mark. Genauso erfolgreich war das Buch »Signale der Liebe. Die biologischen Gesetze der Partnerschaft« des Biologen und Verhaltensforschers Dr. Karl Grammer. Er hatte auf wissenschaftliche und dennoch unterhaltsame Weise das menschliche Paarungsverhalten untersucht: auf was Männer und Frauen beim Kennenlernen achten, wer von beiden mehr fremdgeht und so weiter.

Tja. Da saß ich nun also und hatte die Zeichen bei meinem eigenen Mann ganz offensichtlich nicht zu deuten gewusst. Natürlich hatte mich die Arbeit immer fester im Griff, je besser die Agentur lief. Ich hatte wenig Zeit gehabt, auch weil Tata seit längerem schwer krank war. Meine Eltern hatten sich schon vor einer Weile getrennt, auch da hatte es ein Problem mit Seitensprüngen gegeben.

Der Tod meines geliebten Vaters 1997 war ein weiterer heftiger Schlag. Im ersten Moment dachte ich, jetzt geht die Welt unter. Ich trauerte um meinen Vater und bemitleidete mich ein wenig als Sitzengelassene. Dann wurde ich unglaublich wütend, und bald darauf stürzte ich mich noch mehr in die Arbeit.

Die späten 1990er-Jahre brachten mit dem Ende der Ära Kohl die erste rot-grüne Koalitionsregierung an die Macht, die von Bonn nach Berlin umzog, und große Ereignisse wie die Einführung des Euros warfen ihren Schatten voraus. Ein neues Jahrtausend stand vor der Tür. Die Gesellschaft änderte sich rasant, und wir hatten dazu überaus spannende Bücher am Start wie die »Ökonomie der Aufmerksamkeit« von Professor Georg Franck, das im Hanser Verlag erscheinen sollte. Franck, der eigentlich Architekturprofessor war, aber ein großes Interesse an philosophischen Themen besaß, war eines Tages mit der großartigen Idee zu mir gekommen, ein Buch über die »neue Währung« unserer Zeit zu machen. Diese neue Währung war kein Zahlungsmittel im eigentlichen Sinn, sondern die Aufmerksamkeit, die bestimmte Personen auf sich zogen, ganz egal ob es sich dabei um Künstler, Sportler oder Partygirls wie Paris Hilton drehte.

Berühmtheit war in jenen Jahren wichtiger als Geld – frei nach dem alten Motto von Andy Warhol: »In the future everybody will be world-famous for fifteen minutes.« Befeuert wurde diese neue Währung durch Magazine wie *People*, *Gala* und *Bunte*, die in diesen Jahren gewaltige Auflagen erreichten. Und natürlich durch das World Wide Web.

Diese frühen »Influencer«, die Ahnen der heutigen Social-Media-Sternchen, setzten die Trends für die folgenden Generationen, ganz egal, ob es dabei um Mode, das Bild vom eigenen Körper oder um Sexualität ging. »Sex sells«, das galt nicht nur für die Werbung. Das stimmte und stimmt auch für Bücher, gerade wenn es um vermeintliche Tabuthemen geht. Und so überraschte es mich nicht, dass das Buch meiner Freundin Ursula Richter »Wenn Frauen jüngere Männer lieben« (Kösel Verlag) viele Leserinnen fand – ein Trend, der sofort von diversen Zeitschriften aufgegriffen wurde. Wenn ein Mann eine deutlich jüngere Frau an seiner Seite hatte, war das ja schon seit langem eine Selbstverständlichkeit, aber umgekehrt? Ursula Richter schrieb dazu eine Doktorarbeit und sammelte eine große Zahl an Fallbeispielen, die zeigten, dass das durchaus funktionieren konnte.

Und dann waren da ja noch der Vater der deutschen Sexualaufklärung, Oswalt Kolle, und die Erinnerungen des legendären *Bunte*-Klatsch-Kolumnisten Michael Graeter. Ich hatte keine Berührungsängste, wenn es um vermeintlich Schlüpfriges oder Tabubehaftetes ging. Ich war offen für alles, und Themen wie das von Ursula Richter zu entdecken und mit zu konzipieren, machte mir immer großen Spaß. Das ist die eine Seite, die ich an meinem Beruf so mag. Ich bin nun mal »Kupplerin« aus Leidenschaft und liebe es, gute Schreiber und gute Themen miteinander zu verknüpfen. Das geht natürlich nur im Sachbuchbereich. In der Belletristik ist mein Einfluss als Agentin geringer. Hier kann ich höchstens mal Hilfestellung geben, wenn Figuren unausgegoren sind, wenn man als Leser gar nicht weiß, mit wem man sich identifizieren soll. Aber wenn ein Romanmanuskript zu uns kommt, ist es meist schon fertig. Im Sachbuch ist es dagegen häufig eine Idee, die dann ausgearbeitet wird.

Die andere Seite, die ich so liebe, ist der intensive Kontakt mit spannenden Persönlichkeiten. Heute treffe ich eine Sexarbeiterin, morgen eine Medizinprofessorin aus Wien, übermorgen einen Produzenten aus Los Angeles, am Wochenende einen Diplomaten aus Tel Aviv und nächste Woche vielleicht die Geschäftsführerin eines Softwareunternehmens Ich kann mir keinen anderen Beruf vorstellen, der einem die Möglichkeit bietet, so viele neue Sichtweisen kennenzulernen und immer am Puls der Zeit und mitten im Geschehen zu bleiben.

KAPITEL 22

Alles im Wandel

1998 war mit amazon.de ein neuer Player auf die Bühne getreten, der sich vom kleinen Versandbuchhändler zur weltumspannenden Shoppingplattform entwickeln und auch den deutschen Buchmarkt entscheidend verändern sollte. Der Umbruch in den Verlagen war zu dieser Zeit bereits in vollem Gange – die Ära der großen Verlegerpersönlichkeiten war zu Ende gegangen, es waren immer mehr große Gruppen entstanden, oder die ohnehin schon dicken Fische wuchsen durch Fusionen und Ankäufe immer weiter an. Weil hinter einigen Konzernen Medienunternehmen standen, deren Kerngeschäft nicht zuletzt durch das Internet Federn lassen musste, gab es gleich in den ersten Jahren des neuen Jahrtausends eine große Veränderung. Springer kämpfte mit sinkenden Werbeeinnahmen im Printgeschäft und entschied sich 2003 zum Rückzug aus dem Verlagsgeschäft. 14 Verlage, darunter Traditionshäuser wie Ullstein, Heyne und Econ, die in Strassers Gruppe ein neues Dach gefunden hatten, wurden verkauft. An Random House und Bonnier, neben der Holtzbrinck Verlagsgruppe nun und bis heute unangefochten die drei Platzhirsche der deutschen Verlagsbranche.

Im Zuge der Fusionen bauten die Verlage Personal ab, man »verschlankte« allgemein, aber besonders in den Lektoraten, was dazu führte, dass hausintern nicht mehr so ausgiebig an Manuskripten gearbeitet werden konnte. Die von Agenturen angebotenen Bücher sollten daher von Beginn an weitgehend perfekt sein. Das bedeutete mehr Verantwortung und Arbeit für uns, die wir dafür Sorge tragen mussten, dass die Manuskripte die geforderte Qualität auch aufwiesen.

Die Verlage arbeiteten zwar immer noch mit ihren Stammautoren, mit Leuten, deren Bücher bereits Erfolg gehabt hatten und deren Folgeprojekte manchmal gleich »mit optioniert« wurden. Doch dadurch, dass mit dem Abgang der alten Garde und den Führungswechseln in den Chefetagen die persönlichen Bindungen nicht mehr so stark waren, fühlten sich auch Autoren nicht mehr so stark gebunden. Oft kam der Wechsel gleich nach einem erfolgreichen Debüt, manchmal erst nach Jahren. Es war Bewegung in der Branche, und Agenturen wie meine waren auf neue Weise gefordert. Gerade für junge Schreiber wurde die Agentur die entscheidende Anlaufstelle. Hier fanden sie die Menschen, zu denen sie mit ihren Anliegen, Ängsten und Hoffnungen kommen konnten. Und bei denen sie sicher sein konnten, dass sie ihre Interessen mit Nachdruck und langem Atem vertraten. Wobei Enttäuschungen auch bei uns nicht ausblieben: Ein inzwischen sehr erfolgreicher Autor, mit dem ich Jahre an seinem Debut gearbeitet hatte, kehrte mir als Agentin den Rücken, um sich ausgerechnet von dem Kollegen vertreten zu lassen, der ihn einst in anderer Funktion als einziger Verleger Deutschlands abgelehnt hatte – manchmal sind diese Männerseilschaften schon seltsam.

*

Parallel zu den neuen Aufgaben wurde auch unser Angebot immer noch ein Stückchen vielfältiger. So gab es eine ganze Reihe kleinerer, aber genauso ambitionierter und interessanter Projekte, an denen mein Herz sehr hing. Über zwanzig Jahre betreuten wir für Roland Hagenberg das BMW-Magazin Japan, wir konzipierten wissenschaftliche Sachbücher mit dem *Psychologie heute*-Chefredakteur Heiko Ernst und arbeiteten regelmäßig mit Peter Ferdinand Koch vom *Spiegel* und Michael Schwelien von der *Zeit* zusammen. Diese Vielseitigkeit ist nicht nur eine der großen Stärken der Agentur, sondern etwas, was ungeheuer Spaß macht, weil es einen immer wieder in neue faszinierende Welten reisen lässt. Und manchmal nicht nur auf dem Papier, sondern ganz real.

Das ermöglichte mir zum Beispiel der schwedische Reeder Mikael Krafft (und seine PR-Dame Bärbel Gyrock), der sich mit dem Nachbau des legendären Reichspostdampfers *Preussen* einen Traum erfüllt hatte. Das Schiff bediente einst die Routen nach Ostindien und Australien. Der spektakuläre Nachbau des Fünfmasters ist 133 Meter lang und 16 Meter breit, Luxus pur, getauft von Schwedens Königin Sylvia auf den Namen *Royal Clipper*. Auf einer gemeinsamen Fahrt von Mallorca, wo ich mir vor einiger Zeit ein Haus gekauft hatte, nach Barcelona konzipierten wir nicht nur das Buch, sondern auch gleich eine sechsteilige Serie für die ARD, die zwischen 2004 und 2006 unter dem Titel »Unter weißen Segeln« ausgestrahlt wurde. Peter Weck, Fritz Wepper und Christine Neubauer waren als Schauspieler dabei, die eigentlichen Stars waren aber die drei Schiffe: *Royal Clipper*, *Star Flyer* und *Star Clipper*. Die Dreharbeiten auf der Star Clipper vier Tage nach dem gewaltigen Tsunami in der Andamanen-See werde ich nie vergessen. Die Zerstörungen an Land waren verheerend, fast 230 000 Menschen hatten ihr Leben verloren.

*

Nach den hedonistischen 1980er- und 1990er-Jahren mit ihrer Mischung aus Ratgebern und Vergangenheitsbewältigung rückten im neuen Jahrtausend aktuelle politische Themen wieder mehr in den Vordergrund. Vor allem nach den Anschlägen vom 9. September auf das World Trade Center.

Und noch etwas änderte sich: Immer mehr Bücher erzählten Geschichten von Frauen oder aus weiblicher Sicht. Frauen eroberten in der ersten Dekade des 20. Jahrhunderts immer mehr Spitzenpositionen in der Wirtschaft, etwa Petra Jenner, die CEO von Microsoft Österreich wurde. Ihre Biografie »Mit Verstand und Herz: Führungskraft ist weiblich« war der Auftakt zu einer ganzen Reihe von Titeln, auch wenn es für meinen Geschmack bis heute zu wenig Frauen an der Spitze gibt.

Neu war damals vor allem, dass »Minderheiten« plötzlich Gehör fanden. Die Situation der »People of Color« in Afrika und Asien rückte in den Fokus, in der Folge erklommen immer mehr Bücher zu Frauen- und Familienschicksalen in Eritrea, Afghanistan oder Tibet die Bestsellerlisten.

Mir lag immer viel an interessanten Schicksalen von Frauen, und gerade in diesen ersten Jahren des neuen Jahrtausends hatten wir das Glück, überaus spannende Bücher zu diesem Thema auf den Markt zu bringen. Einer der ersten dieser außergewöhnlichen Lebensberichte war das Buch »Feuerherz« von Senait Mehari. Sie wurde – das genaue Geburtsdatum ist nicht bekannt – zwischen 1974 und 1976 geboren und wenige Wochen nach ihrer Geburt in einem Koffer ausgesetzt. Sie wuchs in einem Waisenhaus in Asmara, der Hauptstadt Eritreas, auf und gelangte erst einige Jahre später wieder zu ihrer Familie zurück. Das Glück währte allerdings nicht lange: Mit sechs Jahren steckte sie ihr Vater in das Lager einer eritreischen Guerillaorganisation. Gemeinsam mit anderen Kindern wurde Senait hier zur Soldatin gedrillt. Anfang der 1980er-Jahre flüchtete sie in den Sudan und kam 1987 nach Deutschland, wo sie in Berlin an ihrer Karriere als Sängerin, Songwriterin und Komponistin zu basteln begann.

»Feuerherz«, das der *Tempo*-Autor Lukas Lessing als Ghostwriter betreute, wurde ein großer Erfolg, das Buch ging über eine Million Mal über den Ladentisch. Die Erzählung über ihre Kindheit in Eritrea, ihre zerrissene Familie, die Gräuel des Bürgerkriegs und ihre Flucht faszinierten eine große Zahl von Menschen – nicht nur in Deutschland, sondern auf der ganzen Welt.

Die Weltrechte an diesem Buch hat nämlich unsere Londoner Co-Agentur von Andrew Nurnberg übernommen, die an vielen Orten Niederlassungen besitzt. »Feuerherz« war der Start der Zusammenarbeit mit Andrew Nurnberg, und ich kann mich noch sehr gut erinnern, wie wir diesen Deal auf der Frankfurter Buchmesse einfädelten. Senait Mehari und ich waren auf einem Messefest bei Droemer eingeladen (hier war das Buch erschienen), während nebenan eine riesige Party eines russischen Verlages stattfand, den Andrew Nurnberg gut kannte. In diesen Jahren verstand sich die Buchszene noch gut aufs Feiern. Und gerade die

Frankfurter Buchmesse war bis zu der Zeit der großen Finanzkrise 2007 ein Ort für spektakuläre Großveranstaltungen, ganz gleich, ob es sich um die gigantischen Feste von Random House handelte oder die *Feinschmecker*-Veranstaltungen der Ganske Verlagsgruppe. Die Geschäfte der Verlage liefen gut, und es wurde weder an der Location noch am Catering gespart. Rauschende Feiern, die Autoren, Lektoren und Agenten gleichermaßen inspirierten und an die ich mich heute noch gerne erinnere.

An jenem Abend brachte mich der damalige Ullstein-Programmchef Lothar Menne mit Andrew Nurnberg ins Gespräch, und ich sagte, eher aus Spaß, zu Senait: »Komm, lass uns doch auf das Fest nebenan gehen. Die Russen haben sogar eine Bühne, vielleicht kannst du ja was singen.« Ich konnte es kaum glauben, als sie tatsächlich den Gastgeber fragte, ob sie ein Lied singen dürfe. Sie durfte. Der Saal tobte vor Begeisterung, und mit Unmengen an Wodka und gefühlt Eimern voller Kaviar wurde bis zum Morgengrauen weitergefeiert. Am nächsten Tag wurde dann die Zusammenarbeit mit Andrew Nurnberg feierlich besiegelt.

Seit diesem Abend ist die Zusammenarbeit zwischen Andrew Nurnberg und uns stetig gewachsen. Wir vertrauen einander, und für die Agentur ist seine Vernetzung in alle Welt eine ganz wesentliche Stütze. Manche Verlage sehen oft nicht ein, warum wir uns die internationalen Rechte an einem Werk vorbehalten, schließlich haben die meisten Großverlage inzwischen hervorragende und sehr leistungsfähige Lizenzabteilungen auch für das Auslandsgeschäft. Aber Andrew kann mit seinen Niederlassungen in Budapest, Peking, Prag, Warschau, Sofia, Moskau, London oder New York, Taipeh und Riga viel mehr erreichen. Und er ist einfach besser mit den Gepflogenheiten des jeweiligen Marktes vertraut.

*

Inzwischen hatte sich auch in der Agentur Entscheidendes verändert. Im Juli 2003 war Isabel Schickinger in die Agentur eingetreten und kümmerte sich von diesem Zeitpunkt an exklusiv um die Vermarktung der Filmrechte. Beim Verkauf von Buch- *und* Filmrechten (gleichzeitig oder auch zeitversetzt) liegt das Problem darin, dass beides durchaus zeitintensiv sein kann, sehr gute Kontakte erfordert, aber dass es keinerlei Deckungsgleichheit bei den handelnden Personen in den beiden Bereichen gibt. Verlage machen Bücher, aber keine Filme, und Filmproduktionen machen eben Filme, aber keine Bücher.

Deswegen war es für mich eine große Entlastung, dass Isabel, die vorher bei der Kirch-Gruppe gearbeitet hatte, sich dieses Themas annahm und das bis heute sehr erfolgreich macht. Ihr gelang es in der Folgezeit renommierte Drehbuchautoren wie Carolin Hecht, Gabriele Kister, Wolfgang Limmer, Dirk Salomon &

Thomas Wesskamp, Su Turhan (der auch sehr erfolgreich Romane schreibt) oder Adrienne Bortoli zu gewinnen. Isabel hatte auch die richtige Spürnase, um großartige Talente aus der Münchner Hochschule für Fernsehen und Film zu akquirieren – Leute, die ganz unterschiedliche Genres bedienen konnten, wie Bernd Blaschke, Viola M. J. Schmidt und viele andere. Die späteren Erfolge auf der Leinwand, viele Preise und Erfolgsstücke auf der Bühne bescherten der Agentur und Isabels Filmdepartment große Aufmerksamkeit.

Ideal ist es natürlich, wenn alle Teile der Verwertungskette von uns stammen: Die literarische Vorlage aus unserer Agentur an einen passenden Filmproduzenten zu vermitteln, ist dabei der erste Schritt. Gleichzeitig spricht Isabel mit Drehbuchautoren, die wir vertreten und von denen wir glauben, dass sie Zugang zum jeweiligen Werk haben. Wenig später ziehen wir einen passenden Regisseur aus unserer Agentur hinzu. Im Idealfall wird dieses Package dann vom Filmproduzenten angenommen.

*

Während Isabel dieses Geschäft also so richtig zum Laufen brachte, konzentrierte ich mich wieder mehr auf den Buchbereich, und das war auch gut so. Unser Spektrum reichte von der TV-Ärztin Dr. Verena Breitenbach bis zur ehemaligen Miss Germany und Werbe-Ikone Verona

Feldbusch. Wir hatten für den neuen Bio-Boom den »Hermannsdorfer«- und »Basic«-Unternehmer Georg Schweißfurth mit an Bord und landeten auch im Bereich Wirtschaft einen Erfolg: 2007 hatte ich Christian Gansch kennengelernt, den ehemaligen Dirigenten der Wiener Philharmoniker, der ein Crossover wagte: »Vom Solo zur Sinfonie – was Unternehmen von Orchestern lernen können.« Und schließlich waren da ja noch die großen Erfolge von Professor Lothar Seiwert, den seit 2000 von uns vertraten wird. Er gilt als der Papst des »Zeitmanagements in Deutschlands« und prägte wahrscheinlich eine ganze Generation im effizienten Umgang mit Zeit. Der Wirtschaftswissenschaftler wurde durch den Ratgeber »Das 1x1 des Zeitmanagement« bekannt, später verfasste er zusammen mit Werner Tiki Küstenmacher das Buch »Simplify your life«, mit dem er den Schwerpunkt mehr auf Lebensmanagement legte. Und weil zum Lebensmanagement auch das Thema Essen gehört, suchten und fanden wir dazu mit Dagmar von Cramm die richtige Expertin. Sie ist Ernährungswissenschaftlerin und arbeitet als Expertin für Zeitschriften wie *Eltern*, *Für Sie*, *myself* oder *Bild der Frau* und seit 2012 Präsidentin der Stiftung Besser essen. Geht es um gesundheitliche Themen rund um Essen und Trinken kommt man an Dagmar von Cramm nicht vorbei. Ihre Bücher »Kochen für die Familie« und »Das große Kochbuch für Babys und Kleinkinder«, die beide bei Gräfe und Unzer erschienen, waren auch für uns große Erfolge.

KAPITEL 23

Zurück ins Mittelalter

Etwa um die Jahrtausendwende kam ein riesiges Paket per Post bei uns in der Agentur an. Der Absender war mir unbekannt, und als ich es öffnete, waren darin sage und schreibe 3000 Manuskriptseiten. Tagelang schlich ich um den Papierstapel rum. Ich hatte keine Lust, dieses unverlangt eingesandte Opus wieder zur Post zu schleppen, und unbesehen wegwerfen, das machte man einfach nicht. Eines Abends griff ich mir ein Glas Wein und las die ersten Zeilen. Aha, ein historischer Roman. Nicht gerade mein Steckenpferd. Aber ich las weiter und weiter und weiter. Und nach 500 Seiten war mir klar: Wenn ich, reichlich unbeleckt in diesem Genre, von diesem »Schinken« schon so weggetragen wurde, dann steckte da enormes Potenzial drin.

Gleich am nächsten Tag machten wir den Agenturvertrag fertig. Er ging an ein Ehepaar, Iny Klocke und Elmar Wohlrath. Die beiden schrieben unter dem Pseudonym Iny Lorentz, und der Rest der Geschichte ist beinahe Legende. 2003 erschien ihr erstes Buch »Die Kastratin« bei Droemer Knaur. Im Jahr darauf folgte »Die Goldhändlerin« und, wenig später, mit dem ersten Teil der »Wanderhure«, dann der Durchbruch. Bis zum Jahr 2021 kamen weitere sieben Bände der Saga auf den Markt.

Erzählt wird vom Schicksal der starken und leidenschaftlichen Marie, die im 15. Jahrhundert entgegen allen Intrigen ihrer Feinde und den Widrigkeiten der damaligen Zeit ihren Weg geht. Sechs Jahre später wurde der erste Band der »Wanderhure« für das Fernsehen mit Alexandra Neldel in der Hauptrolle verfilmt. Mit durchschlagendem Erfolg. Wir waren alle auf der Frankfurter Buchmesse, als uns die unglaublichen Einschaltquoten erreichten. Fast 10 Millionen Zuschauer! Das war eine absolute Sensation und gleichzeitig der Durchbruch und Startschuss für viele weitere Verfilmungen, basierend auf historischen Romanen deutscher Autoren. An jenem Tag erhielt die Agentur unzählige Anrufe und E-Mails von deutschen Filmproduzenten, mit fast identischem Wortlaut: »Warum haben Sie mir die Wanderhure denn nie angeboten?« Die Antwort war stets die gleiche: »Haben wir.«

2022 knackten wir die Marke von 20 Millionen verkauften Büchern. Bis heute haben Iny und Elmar 59 Bücher vorgelegt, sieben Stoffe wurden bislang verfilmt, und mittlerweile tourt die »Wanderhure« sogar als Bühnenstück über Freilicht- und Indoorbühnen. Der Erfolg der beiden ist eine der herausragenden Erfolgsgeschichten meines bisherigen Lebens als Agentin.

Und ganz nebenbei ist es immer eine Freude mit den beiden zusammenzuarbeiten. Iny und Elmar konzentrieren sich ganz auf das Schreiben und sind uns dankbar, dass wir ihnen viele »lästige« Dinge abnehmen, sie bei Entscheidungen beraten und immer ein offenes Ohr für ihre Anliegen haben. Der große Erfolg, den sie mit ihren Büchern haben, ist mehr als verdient, ich kenne kaum Autoren, die so für ihre Leser leben wie Iny und Elmar. Nie werde ich vergessen, als Elmar bei den Dreharbeiten in Ungarn zu der SAT1-Produktion von »Die Wanderhure« seine Marie, die er abgöttisch liebt, das erste Mal aus Fleisch und Blut sah, und dann zu weinen begann. Und wie ich ihn einmal mit der Frage gekränkt habe, wann die »Wanderhure« denn mal sterben wird. Das konnte und wollte er sich gar nicht vorstellen.

Tatsächlich sieht es so aus, als ob sie noch ein langes Leben vor sich hat: 2021 erschien der achte Band.

Die Vorgeschichte der beiden Autoren hätte einen solchen Erfolg nicht erahnen lassen. Im Hauptberuf arbeiteten beide bei einer großen Versicherung in München und verfassten in ihrer Freizeit Fantasy-Geschichten oder schrieben als Ghostwriter für den Science-Fiction-Autor Wolfgang Hohlbein, bis irgendwann jenes große Paket auf meinem Tisch gelandet war und ich zu lesen begann. Mit ihrem Roman hatten sie frühzeitig einen neuen Trend antizipiert – und zwar einen internationalen.

Historische Romane und Fernsehserien wie »Vikings« oder »Game of Thrones« sollten in den Jahren nach 2010 richtig abheben. Die Faszination solcher historischen Abenteuerromane ist leicht erklärt – sie geben den Menschen Gelegenheit, ihr normales Alltagsleben vor einem gänzlich andersartigen Hintergrund zu reflektieren. Und angesichts der Mühen, die diese längst vergangenen Zeiten ihren Protagonisten auferlegt hatten, sieht das eigene durchschnittliche, aber doch sichere und vergleichsweise komfortable Leben gleich viel besser aus.

Der Erfolg der »Wanderhure« jedenfalls reichte bald bis hinaus über den großen Teich. Anfang 2013 hatte ich zum ersten Mal einen persönlichen Termin mit Gabriella. Gabriella, jeder kennt sie nur unter dem Vornamen, ist die Leiterin der internationalen Buchabteilung von Amazon in Seattle. Sie bot einen amerikanischen Buchvertrag für die »Wanderhure« und alle folgenden Bände an. Für beide Seiten ein großes Wagnis, denn zum einen besaßen wir noch wenig Erfahrung mit Buchveröffentlichungen bei Amazon, auf der anderen Seite hatte Amazon mit einem so umfangreichen historischen Roman bzw. einer ganzen Reihe noch keine Erfahrungen gemacht. Aber das Experiment funktionierte. Iny und Elmar waren klug genug, das gesamte Urheberrecht an der Übersetzung zu behalten. Sie haben die Bücher auf eigene Kosten ins Englische übersetzen lassen, was kein Pappenstiel war. Pro Seite 25 Dollar.

Im Herbst 2022 erscheint von den beiden übrigens »Ritter Constance« – wieder eine Reise in das Mittelalter, und wieder geht es um das spannende Schicksal einer jungen Frau. Die Geschichte: Kurz nach der Heirat muss Constances Ehemann Raoul seinem König auf dem Kreuzzug folgen. Als er in Palästina vermisst wird, bedrängt ein Nachbar Constance mit Tücke und Gewalt. Um sich zu retten, bleibt ihr nur die Flucht. Als Ritter verkleidet folgt sie mit zwei treuen Gefolgsleuten Raouls Spuren. Ihn zu befreien gestaltet sich jedoch schwieriger als erwartet. Constance muss etwas wagen, das unweigerlich ins Verderben führt. Mehr wird jetzt aber wirklich nicht verraten …

KAPITEL 24

Licht und Schatten

Jenseits des Berufslebens wechselten sich Licht und Schatten ab. 2001 wurde ich von Rainer Stiller geschieden, und auch in der Agentur ging ein Stückchen Geschichte zu Ende. Wir sagten Schwabing Adieu und zogen von der Münchner Freiheit, wo wir nach einem kurzen Intermezzo in der Siegesstraße seit 1988 unser Büro gehabt hatten, in die Maxvorstadt. In ein ehemaliges Ladengeschäft in der Tengstraße. Wenn man mit Büchern zu tun hat, ist ein Domizil im Erdgeschoss ein enormer Vorteil – das Geschleppe, bis der Umzug vorüber war, hatte es in sich. Aber die Ladenfront aus Glas war anfangs etwas ungewohnt. Wir fühlten uns, als säßen wir in einem Aquarium.

2007 starb meine Mutter. Im gleichen Jahr, im Dezember, wollten Christian Beyer und ich uns das Ja-Wort geben. Es war ein Wechselbad der Gefühle, aber wenigstens ging das Jahr mit einem positiven Ereignis zu Ende.

Seit unserem gemeinsamen Grünkohlessen hatten sich die Wege von mir und Christian immer wieder gekreuzt. Eines Abends saßen wir in der »Agnes Neun«, einem Lokal in Schwabing. Ich erzählte ihm, dass in meiner Wohnung immer noch viele Sachen von Rainer standen, darunter ein Klavier, das ich gerne loswerden wollte. Ich fragte ihn: »Verstehen Sie was von Klavieren?«

»Das hängt davon ab … Haben Sie denn eines mit Holz- oder Stahlrahmen?«

»Ich habe keine Ahnung, ich habe nie Klavier gespielt. Das müssten Sie sich mal ansehen.«

Wir blieben, bis die Wirtschaft ihre Pforten schloss. Als wir noch etwas unentschlossen auf der Straße herumstanden, sagte Christian: »Soll ich mir das Klavier vielleicht gleich ansehen?« Seitdem ist er geblieben.

Im Jahr 2008 gab es reichlich Anlass, einen Moment innezuhalten und zurückzublicken: Mein 60. Geburtstag stand an, Christians bevorstehender 66., im Jahr zuvor war die Literaturagentur 25 geworden, und dann war da ja noch unsere Eheschließung kurz vor dem Jahreswechsel gewesen. Grund genug, ein wirklich großes Fest zu feiern. Wir luden nicht nur enge Freunde und Bekannte ein, sondern auch alle unsere Autoren und alle, die in der Verlagswelt Rang und Namen hatten. Die Liste wurde länger und länger, und am Ende standen 750 Namen darauf. Alle kamen: Von Alexander Kluge bis Ottfried Fischer, von Patrizia Riekel bis Helmut Markwort, Christian Strasser und Hans-Peter Übleis, von Andreas Bareiss bis Quirin Berg und viele viele andere Verlags- und Filmmenschen, mit denen wir in den vergangenen Jahren zusammengearbeitet hatten.

Die passende Location fanden wir in einer alten Scheune im Englischen Garten, die die Bayerische Schlösser- und Seenverwaltung für ihre Geräte benutzt, ein wunderbarer Ort, der zwar keine Toilette und keine Küche besaß, dafür aber eine große Bühne, auf der unser Freund Moses Moroder mit seiner Rock'n'Roll-Band die Gäste bis zum Morgengrauen unterhielt. Mein Mann Christian hatte eigenhändig einen roten Teppich ausgelegt, Christian Brandstätter hielt eine wunderbare Rede, das Wetter war schon hochsommerlich warm, es war einfach herrlich, auch wenn nicht alles nach Plan verlief. So wurden statt 2500 Profiteroles 25000 vom Caterer geliefert. Ein weiterer Wermutstropfen: Das Finanzamt erkannte die Aufwendungen für die Party nicht an. Der Grund lag darin, dass die Feier genau an meinem Geburtstag stattfand. Sechs Wochen später wäre es vollkommen okay gewesen. Aber gut, Schwamm drüber. Zumindest hat mein Steuerberater, der mich darauf aufmerksam hätte machen müssen, mir die Bilanzen in den folgenden drei Jahren kostenlos angefertigt. Trotzdem haben wir uns geschworen, nie wieder ein derartig großes Fest zu veranstalten. Vor allem Christian, der in der Woche zuvor vom Fahrrad gestürzt war und seinen Arm vor lauter Händeschütteln nicht mehr bewegen konnte. Aber ich bin mir nicht ganz sicher, ob ich wirklich schon die Schnauze voll habe von rauschenden Festen …

2008 war noch aus einem anderen Grund ein sehr gutes für mich ganz persönlich.2005 war Brustkrebs bei mir diagnostiziert worden. Die Therapien hatten angeschlagen, ich war krebsfrei. Und noch einen weiteren Höhepunkt hielt das Jahr für mich bereit. Mit meinem Freund Mandi Hausenberger besuchte ich ein Live-Konzert von Lou Reed in München. Seine Platten hatten wir früher in unserer Wohngemeinschaft fast permanent gehört. Zwei Jahre später, im Sommer 2010, starb mein alter Freund. Er war der Erste aus unserer Clique, 2013 sollten unser alter WG-Freund Helmut Dietl folgen und einer meiner ersten Autoren, der Weltumsegler Rollo Gebhard.

*

Was die Agentur anging, überstanden wir die große Finanzkrise, die 2008 mit dem Zusammenbruch der amerikanischen Investmentbank Lehman Brothers ihren Ausgang nahm, unbeschadet.»Von nun an ging's bergab«, wie Hildegard Knef gesungen hatte, traf auf uns Gott sei Dank nicht zu.

Wir hatten »sportliche« Sachbücher im Programm, etwa über den jungen Bergsteiger David Lama, einen der begabtesten Kletterer der Welt, der tragischerweise

2019 auf einer Skitour in Kanada beim Abgang einer Lawine ums Leben kam. Oder »mondän-elegante« wie »Ein offenes Haus: Meine Kindheit im Hotel Vier Jahreszeiten«. Der Autor, Otto Walterspiel, war in den Dreißigerjahren in dem berühmten Münchner Grandhotel aufgewachsen und hatte schon früh die Reichen, Schönen und Mächtigen der Zeit kennengelernt. Denn sein Vater hatte das Hotel, gemeinsam mit seinem Onkel, zu einer Institution und einem Treffpunkt für hochrangige Politiker, Diplomaten und Künstler aus aller Herren Länder gemacht. Hier wurde Geschichte geschrieben, und hier war München damals schon Weltstadt.

Mindestens genauso schillernd waren zwei weitere Autoren, die ich immer wieder auf Mallorca traf: Hedwig und Alfred Neven DuMont. Ich hatte dort ja seit geraumer Zeit ein Haus und verbrachte oft Wochen auf der Insel, allerdings ist mein Domizil keineswegs mit dem Landsitz der DuMonts zu vergleichen. Allein die Menge an Personal war faszinierend. Durch die DuMonts lernte ich wiederum Avi Primor kennen, den ehemaligen israelischen Botschafter in Deutschland, den ich später in Tel Aviv besuchen durfte. Er hat nicht nur meinen Blick auf die Weltpolitik geschärft, sondern ist inzwischen ein enger Freund. 2013 wurde er von unserem Autor Professor Julius Schoeps, dem Direktor des Moses-Mendelssohn-Zentrums, mit der Moses Mendelssohn Medaille als herausragende Persönlichkeit, die sich für die Pflege der deutsch-jüdischen Beziehungen einsetzt, ausgezeichnet.

In Tel Aviv traf ich auch öfter meinen Freund Martin Marianowicz, Facharzt für Orthopädie, Chirotherapie und Sportmedizin in München und Präsident der Deutschen Gesellschaft für Wirbelsäulenendoskopie. Er ist einer der renommiertesten Rückenspezialisten Europas und Wegbereiter orthopädischer Schmerztherapie sowie minimalinvasiver Wirbelsäulen- und Bandscheibenbehandlung; sein Buch »Aufs Kreuz gelegt. Warum 80 Prozent der Rückenoperationen überflüssig sind« war überaus erfolgreich und für viele Rückenpatienten sehr erhellend.

*

Im Jahr 2010 erschien das erste Buch unserer neuen Erfolgsautorin Petra Mattfeldt. Der Name sagt ihnen nichts? Kein Wunder, denn im Buchladen fand man sie lange nur unter den Namen Caren Benedikt oder Ellin Carsta – sie benutzt unterschiedliche Pseudonyme für unterschiedliche Genres. Mit der »Falkenbach«-Saga und der »Hansen«-Saga erzielte sie bei Amazon Millionenauflagen. Inzwischen hat die fleißige Autorin bereits 43 Bücher vorgelegt. Wie sie das macht, weiß ich auch nicht: Sie kümmert sich als gelernte Rechtsanwalts- und Notarfachangestellte mit um die Kanzlei ihres Mannes, hat drei Kinder und sieht auch noch fantastisch aus. Sie zuckt dazu nur mit den Schultern und sagt: »Zu viel Schlaf komme ich nicht.«

Wie gewaltig Petra Mattfeldts Themenspektrum ist, sieht man allein an den letzten Neuerscheinungen. Unter ihrem eigenen Namen beschreibt sie in »München 72« (Blanvalet) die Olympischen Spiele und das verheerende Attentat aus der Sicht fünf fiktiver Figuren. Ihre »Grand-Hotel-Saga« (Blanvalet), die sie als Caren Benedikt schreibt, handelt von der Familie von Plesow, die Besitzer eines edlen Grand Hotels in Binz und des Varietés Astor in Berlin sind. Zweier Orte, die gegensätzlicher nicht sein könnten. Und als Ellin Carsta erzählt sie in »Schritt ins Licht – Die Kinder der Hansens« (Tinte & Feder) eine Geschichte aus dem Hamburg der 1920er-Jahre.

Vielseitig ist auch der Drehbuchautor Daniel Speck, der mit »Bella Germania«, erschienen beim S. Fischer Verlag, monatelang auf der Bestsellerliste stand, dem kurz darauf die Nachfolge-Titel »Piccola Sicilia« und »Jaffa Road« folgten. Sein neuestes Buch »Terra Mediterranea« kommt im Herbst 2022 ebenfalls bei S. Fischer heraus. Weltweit erscheinen seine Bücher inzwischen in Italien, Litauen, Griechenland, Polen, Russland, der Slowakei und der Türkei.

Und dann gab es in dieser Zeit noch einen ganz ungewöhnlichen Bestseller. Wenn wir früher Autoren nicht an einen Verlag vermitteln konnten, bedeutete es für das jeweilige Projekt in der Regel das Aus. Seit eini-

gen Jahren gibt es aber auch hier neue Möglichkeiten
für die Autoren – sie können ihr Werk als Selfpublisher anbieten, eine Möglichkeit, die sich auch Amazon
seit einigen Jahren zunutze macht. So entstand der Riesenerfolg »Honigtot«. Kein Verlag hatte die unbekannte
Autorin Hanni Münzer haben wollen. Bevor sie Schriftstellerin wurde, hatte Münzer schon eine bewegte Karriere hinter sich, die sie zur Nixdorf AG führte und später zur persönlichen Referentin von Erich Sixt werden
ließ. Schon 2013 hatte sie ihren ersten Roman »Die See-
lenfischer« im Eigenverlag als E-Book veröffentlicht.
Der größtenteils in Italien spielende Romantikthriller
stieg auf Platz 1 der Kindle-Charts und hielt sich dort
sieben Wochen. Anfang 2014 folgte ihr Roman »Honigtot«, der das Schicksal einer Familie vor und während
des Zweiten Weltkriegs nachzeichnet. Erst dieser un-
erwartete Erfolg als Selfpublisher machte die klassischen Verlage auf die »heimliche Bestsellerkönigin« aufmerksam. Im April 2015 wurde »Honigtot« vom Piper
Verlag neu veröffentlicht und wurde zum zweiten Mal
zum Millionenseller.

KAPITEL 25

Herzensangelegenheiten

Und dann traf uns – wie alle – aus heiterem Himmel die Corona-Pandemie. Sechs Monate haben wir kein einziges Buch verkauft. Die Verlage waren komplett verunsichert, verschoben Veröffentlichungstermine und wollten sich auch nicht auf weitere Neuerscheinungen festlegen. Die Buchhandlungen waren zeitweise geschlossen, und keiner wusste, wie es weiterging. Unsere Kosten liefen in der Zeit trotzdem weiter, obwohl wir alle nur wie Falschgeld in der Agentur herumsaßen. Die staatlichen Maßnahmen halfen uns nicht viel, denn die Senkung der Mehrwertsteuer hat bei preisgebundenen Büchern eher mehr Probleme und Kosten verursacht denn Nutzen gebracht.

Wir lebten von der Substanz. Zum Glück waren 2018 noch die Biografie von Deutschlands bekanntestem Schönheitschirurgen Werner Mang erschienen, die Biografie von Lothar-Günther Buchheim, die sein Sohn Yves verfasst hatte, und der Überraschungs-Bestseller von Eric Stehfest »9 Tage wach«, der seine Crystal-Meth-Abhängigkeit behandelte. Und dazu noch »Das rote Kleid« (Goldmann) von Guido Maria Kretschmer, eine witzige Geschichte über Freundschaft, Liebe und die Suche nach dem wahren Zuhause.

Guido ist einer der wunderbarsten Erzähler, den man sich vorstellen kann. Ich kenne ihn inzwischen seit vielen Jahren, und das hat mit Mallorca zu tun. Christine Kaufmann hatte in Palma eine Wohnung, und ein paar Straßen weiter, in St. Catalina, wohnten Guido und Frank. Sie machte uns miteinander bekannt, und wir verbrachten unvergessene gemeinsame Abende. Ich erinnere mich noch gut an seine Geschichte, wie er in Südindien eine Ayurveda-Kur machte, um zu entgiften. Mit wackelndem Kopf und Singsang-Englisch machte er die »Öltropfer« so großartig nach, dass wir alle vor Lachen auf dem Boden lagen.

Frank Mutters und Guido Maria Kretschmar gehören zu meinen Lieblingsmenschen. Ihre Hochzeit auf Sylt 2018 ist mir ebenso unvergesslich wie eine große Feier mit dem Motto »Ganz in Weiß, mit einem Blumenstrauß ...«. Christine Kaufmann und ich kamen als Bräute, Christian als Bräutigam. Und immer, wenn ich in meinem Haus auf Mallorca bin, muss ich an Guido und Frank denken. Als ich das Dorfhaus in den Neunzigern kaufte, blickte es auf eine 280-jährige Geschichte zurück, und das sah man auch. Der ehemalige Gemüseladen, in dem die einstige Besitzerin bis zu ihrem Tod auch gewohnt hatte, war eine ziemliche Bruchbude, in die es an zig Stellen hereinregnete, ohne Heizung und Strom. Dass ich es kaufte, war eigentlich Irrsinn. Aber mein damaliger Noch-Mann Rainer hatte unbedingt ein Refugium auf der Insel haben wollen, wenig später war er mir abhandengekommen. Da stand ich nun, mit einer Ahnung vom Bauen wie die Kuh vom Schlittschuhfahren. Am Ende war Christian meine Rettung. Er als Architekt hat sich um die fachgerechte Sanierung des Hauses gekümmert. Und Guido hat schließlich dafür gesorgt, dass auch der alte Glanz wiederhergestellt wurde. In mallorquinischen Herrenhäusern gab es früher einen roten Salon, in den sich die Damen nach dem Essen zu einem Likörchen zurückzogen. Guido nähte passende Vorhänge für den Salon, suchte ein rotes Sofa aus, und Frank steuerte sein Gemälde mit Granatäpfeln bei.

*

Die Zeit des Lockdowns war für alle hart. Für mich war das erste Jahr der Corona-Pandemie aber noch aus einem weiteren Grund schrecklich. Meine jüngste Schwester starb in Cagliari auf Sardinien an Krebs. Zwar hatte ich sie in der Zeit davor noch regelmäßig besuchen können, auf ihrem letzten Weg konnte ich sie aber aufgrund der Corona-Maßnahmen nicht begleiten.

Auch beruflich sah ich mich in dieser Zeit mit einem für mein Empfinden zu frühen Tod konfrontiert, das gemeinsame Projekt hatte allerdings lange vor der Pandemie seinen Anfang genommen. Vor nahezu vierzig Jahren waren sich Nina Gladitz und Leni Riefenstahl zum ersten Mal begegnet, in einem Gerichtssaal des Oberlandesgerichts Karlsruhe. Riefenstahl, die umstrittene Ikone der deutschen Film- und Fotografiegeschichte, hatte die Filmemacherin Nina Gladitz 1985 verklagt: Verleumdung, Lüge, Rufschädigung. Denn Gladitz hatte in ihrem Dokumentarfilm »Zeit des Schweigens und der Dunkelheit« Zeugen zu Wort kommen lassen, deren Aussagen belegten, dass Riefenstahl nicht nur Mitwisserin, sondern Mittäterin des Naziterrors gewesen war. Die berühmte Regisseurin hatte für ihren Film »Tiefland« mehr als hundert Sinti-Komparsen aus dem Lager Salzburg-Maxglan zwangsrekrutiert. Nach Ablauf der Dreharbeiten waren alle wieder ins Lager deportiert und die meisten von ihnen später in Auschwitz ermordet worden.

1987 befand das Gericht, es sei nicht zweifelsfrei nachweisbar, dass Riefenstahl gewusst habe, welches Schicksal ihren Komparsen bevorstand. Ein Urteil, das dafür sorgte, dass Gladitz' Dokumentarfilm mit einem Ausstrahlungsverbot belegt wurde und jahrzehntelang im Giftschrank des WDR verschwand.

Der Dokumentarfilmerin ließ die Sache keine Ruhe mehr, Riefenstahl wurde ihr Lebensthema. In jahrzehntelangen Recherchen trug Nina Gladitz eine schier unüberschaubare Menge an Material zusammen. Dank der professionellen Hilfe von Dr. Rüdiger Dammann, der diese Material- und Textflut zu einem lesbaren Manuskript formte, wurde daraus das Buch »Leni Riefenstahl. Karriere einer Täterin«. Es zeigt in überraschenden Details, in welch erschreckendem Ausmaß die Kulturbotschafterin des »Dritten Reichs« in die Naziverbrechen verstrickt war. Und das betraf nicht nur die Sinti-Komparsen, sondern auch ihre Mitarbeiter, wie den Filmpionier Willy Zielke, auf dessen künstlerischem Wirken Leni Riefenstahls Mythos als »geniale Filmemacherin« maßgeblich beruht. Während der Dreharbeiten zum Olympia-Film hatten sich die beiden überworfen, der Regisseur wurde wegen vermeintlich psychischer Probleme entmündigt und zwangssterilisiert. Im Hintergrund hatte offenbar Riefenstahl die entscheidenden Strippen gezogen. Fünf Jahre später hatte sie ihn zwar für »Tiefland« wieder als Kameramann eingesetzt, aber in der Zwischenzeit Foto- und Filmmaterialien Zielkes als eigene Werke ausgegeben.

Gladitz, die nach dem Gerichtsurteil keine Aufträge von den Anstalten der ARD mehr erhielt, hat ihre späte Rehabilitierung nicht mehr erlebt. 2022 wurde das Ausstrahlungsverbot aufgehoben, aber Gladitz war nur wenige Wochen nach der Veröffentlichung ihres Buches 2021 verstorben. Es ist schmerzlich, dass diese große Filmemacherin auch die Verfilmung ihres Buches im Jahr 2023 nicht mehr erleben kann.

*

Als Isabel Schickinger 2003 zu uns in die Agentur kam, hatte sie eine junge Frau im Schlepptau, die als TV-Producerin bei Kirch gearbeitet hatte: Zoë Beck. Hätte ich eine Tochter gehabt, hätte ich mir gewünscht, dass sie so wäre wie sie. Als ich mit ihr den Agenturvertrag unterschrieb, war ich mir über eines ganz sicher und sagte es ihr auch gleich: »Eines Tages wirst du mich sehr glücklich machen.«

Zoë stammt aus einem kleinen Ort bei Wetzlar, war Stipendiatin der Studienstiftung des Deutschen Volkes für deutsche und englische Literatur, schrieb zunächst Drehbücher und seit 2006 auch Romane. Und sie ist eine überaus vielseitige Frau. Neben ihrer schriftstellerischen Tätigkeit arbeitet sie als Übersetzerin, als Synchronregisseurin und seit 2013 auch als Verlegerin in ihrem Verlag CulturBooks. Inzwischen hat sie 18 Romane und ein Sachbuch veröffentlicht, unzählige Auszeichnungen erhalten und allein mit ihrem jüngsten Buch drei Preise abgeräumt, darunter den deutschen Krimipreis. Der dystopische Thriller »Paradise City« ist ein überaus »beunruhigendes Buch« mit viel Wirklichkeitsgehalt, so die *FAZ*. Und »Die Presse« sieht ihn gar in der Tradition von Margaret Atwood. 2022 wurde Zoë zur »Bücherfrau des Jahres« gekürt.

Mit Zoë machte ich etwas, was ich eigentlich nie mache. Für das Projekt »Waldbad«, das hoffentlich 2025 erscheinen wird, gingen wir gemeinsam auf Recherchereise nach Siebenbürgen. Ich hatte ihr von meinem leiblichen Großvater Martin erzählt, Tatas Vater. Im August 1928 waren er und zwei Freunde, mit denen er in der Gaststätte des Zeidener Waldbades Karten spielte, von einem berüchtigten Räuber erschossen worden. Ein Mord, an den sich die Leute in der kleinen Stadt fast hundert Jahre später noch immer erinnern. Die Schwester meines Vaters hatte immer noch die Ausgabe der alten Zeitung, in der darüber berichtet worden war. Und das hatte mich auf die Idee gebracht, daraus ein Buch zu machen.

Zoë und ich flogen nach Hermannstadt, von dort ging es mit dem Mietwagen nach Zeiden. Wir hatten nur drei Tage Zeit, dann kam mit Corona eine unfreiwillige Zwangspause. Aber jetzt geht es bald wieder los mit unserem kleinen Roadtrip in die Vergangenheit. Doch was dann in diesem Krimi drinstehen wird, das ist eine andere Geschichte.

*

Ein weiteres Herzensprojekt war das Buch »Wie hättet ihr uns denn gerne?« von Özlem Topçu und Richard C. Schneider. Richard, mein treuer Autor und Freund seit über dreißig Jahren, ein kluger Mann und wunderbarer Autor, der zehn Jahre ARD-Korrespondent in Israel war, diskutiert in einem »Briefwechsel zur deutschen Realität« mit Özlem Topçu Dinge, die sie persönlich, beruflich und politisch interessieren und berühren.

Sie wird als »Türkin« gesehen, er als »Jude«. Und doch sind beide Deutsche. Gemeinsam blicken sie von November 2020 bis November 2021 auf Debatten zu Integration, Rassismus, Antisemitismus und den Umgang mit dem »Anderen« und erzählen, wie sie als Angehörige einer »Minorität« in Deutschland groß geworden sind. Und wie Deutschland sie geprägt hat, im Guten wie im Schlechten.

Ich liebe die Bestsellerlisten vom *Spiegel* und im Moment, das heißt Ende Juli 2022, steht Susanne Abel mit ihren Titeln »Was ich nie gesagt habe« (dtv 2022) auf Platz 3 und »Stay away from Gretchen« (dtv 2021) auf Platz 4 der Belletristik-Hardcover-Liste. Zwei großartige Bücher.

Ein Buch gab es auch von Patricia Riekel, bis heute eine meiner liebsten Freundinnen. Seit sie nach fast zwanzig Jahren als Chefredakteurin des People-Magazins *Bunte* aufgehört hatte, schreibt sie Bücher: »Was bin ich – wenn ich nichts mehr bin?« erschien 2021.

Das ist eine gute Frage. Dass das Leben aber immer spannend bleibt, zeigt die Autobiografie der wunderbaren Schauspielerin Heidelinde Weis, die im Herbst 2022 im Wieser Verlag erscheint: »Das Beste kommt noch«.

Epilog

In den vergangenen vierzig Jahren hat sich die Welt ganz entscheidend verändert, aber eines ist zum Glück gleich geblieben. Menschen lieben Geschichten, um unterhalten zu werden, sich abzulenken, die Welt zu verstehen, sich mit den Protagonisten zu freuen oder mit ihnen zu leiden, sich selbst besser zu verstehen, oder aus welchem Grund auch immer. Und dabei ist es ganz egal, ob diese Geschichten gedruckt oder digital auf dem Smartphone gelesen werden, ob sie als E-Book, Taschenbuch, Paperback oder Hardcover erscheinen, ob sie auf dem Kindle gespeichert oder im Ikea-Regal aufbewahrt werden. Es ist auch vollkommen gleichgültig, ob Geschichten verfilmt oder als Bühnenstück aufgeführt werden, ob sie als Podcast oder Hörbuch veröffentlicht werden, ob sie im Fernsehen, Kino oder bei Amazon Prime, Netflix oder Disney laufen.

Wir werden auch in Zukunft Geschichten lesen, hören und sehen und uns mit Themen, die uns berühren oder aktuelle Fragen behandeln, auseinandersetzen. Weil sich daran nichts ändern wird, wird man auch immer begabte Menschen brauchen, die diese Geschichten erzählen, die schwierige Zusammenhänge erklären und neue Gedanken in die Welt bringen wollen. Dichter, Romanciers, Schriftsteller, Journalisten, Drehbuchautoren und Filmemacher, aber auch Comiczeichner, Illustratoren und Spieleentwickler werden nie arbeitslos werden, und mit ihnen wird es auch immer Agenten geben, die versuchen, unter den vielfältigen Stoffen die besten herauszusuchen, gute Verträge für sie auszuhandeln, geeignete Plätze zur Veröffentlichung zu finden.

Ich bin sicher, dass das immer so sein wird: Zwar hat sich das Mediennutzungsverhalten in der letzten Dekade verändert – und es wird sich weiter verändern –, Streamingdienste haben gerade bei jungen Leuten (und dem Rest während der Pandemie) TV-Sendern und Kinos den Rang abgelaufen, Selfpublishingplattformen haben an Bedeutung gewonnen, und Spiele werden vielleicht wichtiger werden als Bücher oder Filme. Aber gute Geschichten werden immer Konjunktur haben.

Schade, dass ich jetzt schon mehr hinter mir als vor mir habe. Für ein Interview wurde ich einmal gefragt, ob das Alter auch Vorteile habe. Spontan habe ich ausgerufen: »Machen Sie Witze?! Vorteile vielleicht in der U-Bahn, wenn einem ein Platz angeboten wird.« Nein, ich finde es nicht lustig, alt zu werden, aber zum früh Sterben ist es jetzt ja auch schon zu spät. Und außerdem habe ich immer noch so großen Spaß an meiner Arbeit, bin ich immer noch so neugierig auf das Leben, die Menschen und die Geschichten, dass einfach nicht ans Aufhören zu denken ist. Mit achtzig werde ich vielleicht nur noch halbtags arbeiten, aber bis dahin ist es ja noch ein Stück hin.

Jetzt freue ich mich erst mal auf unser Fest, vierzig Jahre Agentur. Ich hoffe, nein, ich bin mir sicher, es wird ein rauschender und langer Abend werden! Und wenn mich jemand fragen sollte, ob ich etwas anders machen würde, wäre ich noch einmal jung, dann würde ich sagen: Es ist alles gut so, wie es ist. Ich hatte nie Angst vor der Zukunft, auch heute nicht. Aber heute habe ich auch noch den richtigen Mann an meiner Seite.

Danksagung

Zum Schluss möchte ich mich bei jenen Menschen bedanken, ohne deren Zutun, Energie und Herzblut dieses Buch nicht geschrieben worden wäre. Auch wenn nur mein Name auf dem Buchdeckel steht, so ist ein Buch doch niemals die Leistung eines Einzelnen. Deshalb möchte ich allen, die mich unterstützt haben, ganz herzlich Danke sagen:

Danke an den Blanvalet Verlag und all seine Mitarbeiterinnen und Mitarbeitern, und insbesondere Danke an die Verlegerin Britta Egetemeier für ihr Vertrauen in dieses Buchprojekt.

Danke an meine Lektorin Bettina Steinhage für ihren Einsatz und ihre Geduld.

Danke an Heike Gronemeier für ihre Unterstützung und ihre umsichtigen und fundierten Korrekturen und bereichernden Anregungen.

Danke an Andreas Odenwald und Stefan Rieß für eure intensive Begleitung des Buches, ohne euer Zutun wäre es nicht geschrieben worden. Ihr beide habt eine Reise in die Vergangenheit mit mir unternommen, und nur dank euch konnten meine Erinnerungen nach sehr langen und intensiven Gesprächen zu Papier gebracht werden.

Auch danke ich meinen wunderbaren Mitarbeiterinnen in der Agentur, die mir während des Schreibens den Rücken freigehalten und mich tatkräftig unterstützt haben.

Nicht zu vergessen, mein Mann Christian, der mir in jeder Lebenslage geduldig zur Seite steht und immer für mich da ist. Vielen Dank!

Die Allerwichtigsten, denen ich danken möchte, sind die vielen großartigen Autorinnen und Autoren, die uns über all die Jahre begleitet haben und begleiten. Leider konnte ich nicht alle erwähnen – auch wenn ich es am liebsten getan hätte. Aber niemand weiß besser als sie, wie knapp bemessen der Platz in einem Manuskript ist. Zumindest aber einen kleinen Auszug aus unserer Autorenliste möchte ich hier im Folgenden mit anfügen:

Autorenliste

Dirk Ahner
Jürgen Ahrens
Anni Alber
Michael Altinger
Nike Andeer
Mina Baites
Liz Balfour
Zoë Beck
Lorenz S. Beckhardt
Caren Benedikt
Bernd Blaschke
Florian Bolk
Fabian Borkner
Richard Brandes
Yangzom Brauen
Verena Breitenbach
Louise Brown
Yves Buchheim
Annika Bühnemann
Patrick Burow
Ellin Carsta
Marte Cormann
Hannah Corvey
Dagmar von Cramm
Monika Czernin

Sibel Daniel
Anke Dörrzapf
Robert Domes
Christoph Driessen
Anna Dross
Guido Eckert
Stephanie Ehrenschwendner
Bianca Elliott
Cornelia Engel
Mara Erlbach
Cristina Externest
Cornelia Eyssen
Remy Eyssen
Jörg Färber
Eva Fellner
Petra Felsner
Beate Ferchländer
Martin Feuchtwanger
Ottfried Fischer
Thea Fischer
Dorothee Fleischmann
Karsten Flohr
Anne Freytag
John Friedmann
Hans Fricke

Birgit Frohn
Armin Fuhrer
Anna Funck
Christian Gansch
Rollo Gebhard
Alexander Gedat
Herbert Genzmer
Willi Germund
Nina Gladitz
Merle Goll
Stefanie Gregg
Henry Johannes Greten
Linn Greve
Marion Grillparzer
Kerstin Groeper
Christina Gruber
Carlos Guilliard
Ursula Hahnenberg
Alexander Hartung
Susan Hastings
Bettina Hauenschild
Lena Havek
Carolin Hecht
Hanne-Lore Heilmann
Andreas Heineke
Bert Hellinger
Marianne Hofer
Elizabeth Horn
Marcel Huwyler
Uwe Ittensohn
Thomas Jeier
Marion Johanning
Vanessa Jung
Christine Kabus
Henriette Kaiser
Carolina Kalvelage
Nadine Kerger
Eva Klaehn

Christine Koller
Michaela Koschak
Franz Kotteder
Guido Maria Kretschmer
Karolin Küntzel
David Lama
Thérèse Lambert
Grit Landau
Annette Landgraf
Ira Laudin
Juliane Lauterbach
Anni Lechner
Johanna Lenz
Rosita León
Lukas Lessing
Anna Levin
Norbert Lewandowski
Alexander Liegl
Wolfgang Limmer
Jörg Lösel
Thomas Lojek
Iny Lorentz
Anja Mäderer
Monika Maifeld
Stefan Maiwald
Martin Marianowicz
Petra Mattfeldt
Philipp Mattheis
Katja Maybach
Janine Meester
Renee Milan
Bärbel Mohr
Imo Moszkowicz
Diana Müll
Melissa Müller
Friedrich Mülln
Hanni Münzer
Joachim Mutter

Diana Nasher
Ursula Niehaus
Rainer Nikowitz
Anke Noack
Désirée Nosbusch
Andreas Odenwald
Patrick van Odijk
Christine Paxmann
Bettina Pecha
Axel Petermann
Barbara Peters
Adriana Popescu
Renato Pozzi
Avi Primor
Michel Rauch
Frank Reichenberger
Patricia Riekel
Stefan Rieß
Susanne Rößner
Ayşe Romey
Christopher Ross
Hans von Rotenhan
Christiane Sadlo
Dirk Salomon
Tatjana Scheel
B.C. Schiller
Viola M.J. Schmidt
Richard C. Schneider
Julius H. Schoeps
Frederick Schofield
Alexander Schuller
Eva-Maria Schulze
Frauke Schuster
Georg Schweisfurth
Michael Schwelien
Ellen Schwiers

Christian Seiler
Lothar J. Seiwert
Arye Sharuz Shalicar
Jochen Siemens
Andrea Sixt
Hans Söllner
Ralf Sotscheck
Klaus Späne
Daniel Speck
Eric Stehfest
Margit Steinborn
Markus Steiner
Michael J. Stephan
Ulrich Strunz
Ulrich G. Strunz
Joël Tan
Alex Thomas
Özlem Topçu
Christiane Tramitz
Jockel Tschiersch
Su Turhan
Thomas Vasek
Lucia de la Vega
Mara Volkers
Otto Walterspiel
Heidelinde Weis
Sibylle Weischenberg
Kerstin Wenzel
Thomas Wesskamp
Jennifer B. Wind
Diana Wohlrath
Joanna Wolfe
Karen Wynne
Hanna Zimmermann

(Stand Juli 22)